講談社 火の鳥 伝記文庫

戦場《せんじょう》に命《いのち》の光《ひかり》

ナイチンゲール

村岡花子《むらおかはなこ》 文
丹地陽子《たんじようこ》 絵

はじめに

イギリスの上流家庭《じょうりゅうかてい》に生《う》まれ、
なに不自由《ふじゆう》なく育《そだ》ったナイチンゲールですが、
「わたしはちっとも幸《しあわ》せじゃない。」
そう思《おも》っていました。なぜでしょうか。
ナイチンゲールの幸《しあわ》せとは、社交界《しゃこうかい》のスターや、
すてきな貴夫人《きふじん》になることではなく、
病気《びょうき》に苦《くる》しむ人《ひと》びとをすくうことでした。
ナイチンゲールは、過酷《かこく》なクリミアの戦場《せんじょう》で
「ランプを持《も》ったレディー」
として、傷《きず》ついた兵士《へいし》たちからしたわれました。
病院《びょういん》の施設《しせつ》、患者《かんじゃ》の食事《しょくじ》や寝具《しんぐ》、衛生環境《えいせいかんきょう》、

それらの改善《かいぜん》をもとめ、
がんこな将軍《しょうぐん》や役人《やくにん》を相手《あいて》に、
一歩《いっぽ》も引《ひ》かず、毅然《きぜん》とたたかったのです。
ナイチンゲールは「白衣《はくい》の天使《てんし》」ではなく
まるで正義《せいぎ》の剣《けん》を持《も》った戦士《せんし》でした。
看護《かんご》の仕事《しごと》そのものが、
重要《じゅうよう》だとは考《かんが》えられず、さげすまれた時代《じだい》に、
どうしてこんな情熱《じょうねつ》をいだいたのでしょうか。
看護《かんご》の仕事《しごと》に希望《きぼう》をもち、
生《い》き生《い》きとはたらくことを夢見《ゆめみ》たナイチンゲール。
近代看護法《きんだいかんごほう》の精神《せいしん》を打《う》ちたて、
看護師《かんごし》を養成《ようせい》する学校《がっこう》もつくりました。
さあ、その戦《たたか》いの歴史《れきし》をふりかえってみましょう。

もくじ

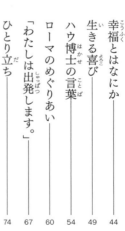

3 看護《かんご》の母《はは》として

Ⅰ　わたしは幸福《こうふく》ではない

美《うつく》しいフローレンス

イタリアのフィレンツェ（英語読《えいごよ》みではフローレンス）は、たいそう美《うつく》しい都市《とし》です。昔《むかし》から花《はな》の都《みやこ》、美術《びじゅつ》の都《みやこ》として知《し》られ、世界中《せかいじゅう》から、おおぜいの観光客《かんこうきゃく》がおとずれます。

夏《なつ》のはじめのさわやかな風《かぜ》が、町《まち》をひと目《め》で見《み》わたせる、ミケランジェロ広場《ひろば》をふきすぎ、青《あお》い空《そら》では、教会《きょうかい》の鐘《かね》の音《ね》がひびいていました。

１８２０年《ねん》5月《がつ》12日《にち》。この都《みやこ》のローマ門《もん》の近《ちか》く、ビラ・コロンバイアとよばれる大《おお》きなやかたで、ひとりの赤《あか》んぼうが生《う》まれました。くり色《いろ》の髪《かみ》と、すんだ灰色《はいいろ》の目《め》をした女《おんな》の子《こ》でした。

「ねえ、あなた、この子《こ》が、このフローレンスの町《まち》のように美《うつく》しい、いい子《こ》になるように、フローレンスという名前《なまえ》をつけましょうよ。」

と、お母《かあ》さんが言《い》いました。

「そうだな。去年《きょねん》、ナポリで生《う》まれた姉《あね》のほうも、町《まち》のギリシャ名《めい》をとって、パーセノープとつけたのだから。とにかく、かわいい娘《むすめ》がふたりとも、わたしたちのすきなイタリアで生《う》まれたのは、ほんとうにうれしいよ。」

と、お父《とう》さんが言《い》いました。

パーセノープといい、フローレンスといい、そのころでは、ずいぶんめずらしい名《な》前《まえ》です。

お父《とう》さんはウィリアム・エドワード・ナイチンゲール、お母《かあ》さんはファニー・ナイチンゲールといいました。

ですから、新《あたら》しく生《う》まれた女《おんな》の子《こ》は、

「フローレンス・ナイチンゲール」

となります。

お父《とう》さんのウィリアムは、イタリアが大《だい》すきでしたが、名前《なまえ》からもわかるように、イタリア人《じん》ではなく、イギリス人《じん》でした。

たいへんなお金持《かねも》ちで、イギリスに帰《かえ》れば、広《ひろ》い土地《とち》と、大《おお》きな屋敷《やしき》があり、ぜいたくな生活《せいかつ》をしていました。

ちょうどそのころは、ナポレオン〔1〕が戦争《せんそう》にやぶれて、自由《じゆう》な旅行《りょこう》がゆるされるようになったので、ヨーロッパには観光客《かんこうきゃく》があふれていました。

ウィリアムは、ファニーと結婚《けっこん》してからずっと、ヨーロッパの国々《くにぐに》を旅行《りょこう》して歩《ある》いていました。

旅行《りょこう》には、お手《て》つだいさん、使用人《しようにん》の男《おとこ》、馬車《ばしゃ》の御者《ぎょしゃ》、コックなどをつれていました。

そして、気《き》に入《い》ったところがあると、大《おお》きな屋敷《やしき》をかりきって、何《なん》か月《げつ》もくらしました。

ことにイタリアが気《き》に入《い》って、長《なが》く住《す》んだので、パーセノープも、フローレンスも、この国《くに》で生《う》まれたのです。

その外国《がいこく》ぐらしも3年近《ねんちか》くなると、ふるさとがこいしくなりました。

「あなた、わたしたち、そろそろイギリスに帰《かえ》りましょうよ。」

「そうしよう。だが、わたしがひと足先《あしさき》に行《い》って、ダービシャー（イングランド中部《ちゅうぶ》）に、新《あたら》しく屋敷《やしき》をたてるよ。とても景色《けしき》のいいところだから、きみにもきっと気《き》に入《い》ってもらえるように、わたしが自分《じぶん》で設計《せっけい》するから。」

そう言《い》って、ウィリアムは、イギリスに帰《かえ》っていきました。

やがて、手紙《てがみ》が来《き》ました。

［１］１７６９～１８２１年《ねん》。１７９９年《ねん》にクーデターを起《お》こして政治《せいじ》の主導権《しゅどうけん》をにぎり、１８０４年《ねん》、フランスの皇帝《こうてい》となった。侵略戦争《しんりゃくせんそう》をつぎつぎと行《おこな》い、ヨーロッパを征《せい》服《ふく》したが、ロシア遠征《えんせい》の失敗《しっぱい》をきっかけに１８１４年退位《ねんたいい》。最後《さいご》は島流《しまなが》しにされた。

――ダービシャーの屋敷《やしき》は、もうすぐにできあがるから、帰《かえ》っておいで。わたしは、この屋敷《やしき》をリーハースト荘《そう》と名《な》づけたよ。――

よろこんだお母《かあ》さんは、
「さあ、パーセにフロー、イギリスで、お父《とう》さまと、新《あたら》しいお家《うち》が待《ま》っていますよ。」
と、ふたりの小《ちい》さな娘《むすめ》に、ほおずりしました。

パーセノープはパーセ、フローレンスはフロー、とよばれていました。

お母《かあ》さんはうっとりと、夢《ゆめ》を追《お》っていました。

(リーハースト荘《そう》に、おおぜいのお客《きゃく》さまをまねいて、おいしいごちそうをこしらえて……。)

エンブリー荘《そう》で

リーハースト荘《そう》は、がっしりしたつくりの屋敷《やしき》でした。

でも、できあがってみると、お母《かあ》さんのファニーは、すぐに、思《おも》っていたような家《いえ》でないことに気《き》がつきました。

「場所《ばしょ》がとても不便《ふべん》だし、それに家《いえ》の中《なか》が寒《さむ》いわ。なによりもお客《きゃく》さまをもてなすためには、あまりにもせますぎますわ。」

とはいうものの、寝室《しんしつ》が15もある大《おお》きな屋敷《やしき》です。高台《たかだい》にたてられ、美《うつく》しい庭園《ていえん》もありました。

「いいのはただひとつ、ながめがすばらしいことだけですわ。」

お父《とう》さんのウィリアムは、こまった顔《かお》をしましたが、なにも言《い》いませんでした。というのは、妻《つま》に遠慮《えんりょ》する気持《きも》ちがあったのと、妻《つま》のぜいたく好《ず》きな性質《せいしつ》をよく知《し》っていたからです。

ファニーの生《う》まれたスミス家《け》は、おじいさんのときに、たいへんな財産《ざいさん》をきずきあげた商家《しょうか》でした。

次《つぎ》のお父《とう》さんは、46年間《ねんかん》も下院議員《かいんぎいん》をつとめ、弱《よわ》い者《もの》、しいたげられた者《もの》のために活躍《かつやく》しました。

スミス家《け》には、5人《にん》の息子《むすこ》と5人《にん》の娘《むすめ》があり、ファニーは、そのひとりです。

フローレンスの生《う》まれた1820年《ねん》、ファニーは32歳《さい》でした。顔《かお》も、姿《すがた》も美《うつく》しく、気前《きまえ》がよくて、ぜいたく好《ず》きで、お客《きゃく》をもてなし、おいしい食事《しょくじ》をととのえることにかけては、すばらしい才能《さいのう》をもっていました。

いっぽう、お父《とう》さんのウィリアムは、背《せ》ばかりひょろ高《たか》い小学生《しょうがくせい》のころから、スミス家《け》に出入《でい》りして、かわいがられていました。21歳《さい》のとき、おじさんののこした財産《ざいさん》をゆずりうけて、ケンブリッジ大学《だいがく》に学《まな》びました。

ふたりが結婚《けっこん》したのは1818年《ねん》ですが、ファニーの家族《かぞく》はこの結婚《けっこん》に賛成《さんせい》はしませんでした。ファニーが六つも年上《としうえ》で、性格《せいかく》もまるでちがっていたからです。

ファニーは、おっとりとしていましたが、学者肌《がくしゃはだ》の夫《おっと》のウィリアムを、りっぱな地《ち》方貴族《ほうきぞく》につくりあげよう、と思《おも》っていました。

フローレンス・ナイチンゲールは、こういう家庭《かてい》に生《う》まれたのです。

そんなわけで、ナイチンゲール一家《いっか》は、もう一軒《けん》の住《す》まいとして、ハンプシャーのロムゼーの近《ちか》くにある、エンブリー荘《そう》を買《か》いました。

大《おお》きな四角《しかく》い屋敷《やしき》で、広《ひろ》い庭園《ていえん》もありました。そのうえ、お母《かあ》さんのファニーのふたりの姉《あね》と妹《いもうと》が結婚《けっこん》して住《す》んでいるロンドンにもそう遠《とお》くなかったので、ちょくちょく会《あ》うのに便利《べんり》でした。

フローレンスが5歳《さい》になるころには、ナイチンゲール家《け》の生活《せいかつ》には、ひとつの習慣《しゅうかん》ができあがっていました。

リーハースト荘《そう》は夏《なつ》の住《す》まいとなり、そのほかの季節《きせつ》はエンブリー荘《そう》でくらすというように。そして、毎年《まいとし》春《はる》と秋《あき》にはロンドンをおとずれました。

お母《かあ》さんがお客好《きゃくず》きで、もてなしがじょうずですから、ふたつの屋敷《やしき》には、引《ひ》っきりなしに、親類《しんるい》の人《ひと》たちがやってきては、とまっていきました。

フローレンスは、その家族《かぞく》の子《こ》どもたちと、庭園《ていえん》をかけまわったり、子馬《こうま》に乗《の》ったりして、遊《あそ》びました。また、屋敷《やしき》で飼《か》っている犬《いぬ》や、ねこや、小鳥《ことり》たちとはなかよしで、いろいろと、世話《せわ》をしました。

このように、なに不自由《ふじゆう》なく、めぐまれた家庭《かてい》で育《そだ》つ子《こ》どもが、幸福《こうふく》でないはずはありません。

ところが、フローレンスは6歳《さい》のころにはもう、

(わたしは幸福《こうふく》ではない。)

と思《おも》いはじめていました。

どうしてでしょうか。

人形《にんぎょう》つくろい

「おや、あなたたち、なにをしているの?」

通《とお》りかかったお母《かあ》さんが、ふたりの娘《むすめ》にたずねました。

「お人形《にんぎょう》さん遊《あそ》びよ。」

パーセノープが答《こた》えました。

「あらあら、パーセ。そんなことしちゃ、お人形《にんぎょう》さんがかわいそうじゃないの。」

「ううん、いいのよ。」

と言《い》いながら、パーセノープは人形《にんぎょう》の服《ふく》を、ずたずたに引《ひ》きさいています。

それは、メイおばさんがおみやげに、ふたりにひとつずつくれた人形《にんぎょう》でした。メイおばさんは、お父《とう》さんのウィリアムの妹《いもうと》です。

お母《かあ》さんはわらいながら、フローレンスのほうを見《み》ました。

フローレンスはというと、これは、ねえさんがずたずたに引《ひ》きさいた人形《にんぎょう》の服《ふく》を、あぶなっかしい手《て》つきで、一心《いっしん》に縫《ぬ》いあわせています。

「まあ、フローはやさしいのね。」

と言《い》ったものの、お母《かあ》さんはちょっと、まゆをよせました。

お母《かあ》さんも小《ちい》さいころには、おぼえのあることですが、普通《ふつう》の子《こ》どもは、よく人形《にんぎょう》をこわしてしまいます。また、花《はな》をむしったり、虫《むし》をつぶしたりもします。けれど、それは健康《けんこう》な子《こ》どものする、ごくあたりまえのしぐさです。

フローレンスが姉《あね》といっしょになって、人形《にんぎょう》をこわさずに、つくろっているのは、心《こころ》のやさしさの表《あらわ》れにはちがいありません。でも、なにかその姿《すがた》に、お母《かあ》さんは、

(かわった子《こ》、あつかいにくい子《こ》。)

という感《かん》じを受《う》けて、まゆをくもらせたのでした。

フローレンスが母親《ははおや》である自分《じぶん》に、あまりなつかないのも、お母《かあ》さんには不満《ふまん》でした。

「おじょうさま、たいへんです。キャップが足《あし》をけがしてもどってきました。」

ある日《ひ》、使用人《しようにん》の男《おとこ》が、あわただしくやってきて、フローレンスにつげました。

キャップというのは、屋敷《やしき》で飼《か》っている犬《いぬ》です。フローレンスとはなかよしで、散《さん》

歩《ぽ》にはいつもつれて歩《ある》きました。

「なぜ、どうして？」

犬小屋《いぬごや》へ急《いそ》ぎながら、フローレンスはたずねました。

「わかりませんが、たぶん村《むら》のわんぱくどもから、石《いし》でも投《な》げられたのでしょう。足《あし》から血《ち》を流《なが》して、やっと、帰《かえ》ってきたようすです。」

「まあ、かわいそうに……。」

ふたりは、犬小屋《いぬごや》に入《はい》りました。小屋《こや》といっても、地方貴族《ちほうきぞく》のお父《とう》さんが、狩《か》りにつれていく犬《いぬ》が、七、八ぴきもいる、大《おお》きなものです。

キャップは、小屋《こや》のすみにうずくまって、クン、クン、クンと鳴《な》いていました。フローレンスを見《み》ると、かた足《あし》をあげてはいよろうとしましたが、すぐごろんと、横《よこ》になりました。そして、悲《かな》しい目《め》つきでフローレンスを見上《みあ》げました。

「おじょうさま、これは、足《あし》の骨《ほね》がおれてるんでさあ。」

使用人《しようにん》の男《おとこ》が言《い》いました。

「それよりも、水《みず》とタオルと、包帯《ほうたい》を持《も》ってきて。急《いそ》いで。」

「へえ。」

男《おとこ》は、あわてて、とびだしていきました。

「キャップ、もうだいじょうぶよ、わたしがついているからね。」

そう言《い》うと、フローレンスは、さあ、というように、しばらく考《かんが》えこみました。やがて、にっこりすると、うさぎのようにはねて、屋敷《やしき》の中《なか》へとびこみました。もどってきたときは、手《て》に黒《くろ》い薬《くすり》のようなものと、細長《ほそなが》い板切《いたき》れを持《も》っていました。

フローレンスは、水《みず》にぬらしたタオルで、キャップの血《ち》のついた足《あし》をふいてやりました。それから黒《くろ》い薬《くすり》をぬった布《ぬの》を、足《あし》にまいてやり、その上《うえ》から板切《いたき》れをあてがい、包帯《ほうたい》をぐるぐるまきました。

キャップは、はじめはいたがって、キャンキャン鳴《な》きましたが、まもなく、おとなしくなりました。

使用人《しようにん》の男《おとこ》は、あまりにあざやかなフローレンスの手《て》ぎわに、ただだまってながめているだけでした。

(おじょうさまは、いつ、どこで、こんなことをおぼえられたのだろうか。)

と、不思議《ふしぎ》に思《おも》いました。

黒《くろ》い薬《くすり》は、ねんざなどによくきくイヒチオール〔2〕のようなものでしょうか。それにしても、骨折《こっせつ》の手当《てあ》てにそえ木《ぎ》を当《あ》てることを、五、六歳《さい》の女《おんな》の子《こ》が、どうして知《し》っていたのでしょうか。

その夜《よ》、フローレンスはベッドに入《はい》ってからも、なかなかねつかれませんでした。

(キャップは、どうしているかしら?)

そう思《おも》うと、じっとしていられず、そっと部屋《へや》をぬけだして、犬小屋《いぬごや》に入《はい》っていきました。

キャップはさびしそうでした。だれかをよぶように、しきりに鼻《はな》を鳴《な》らしていました。

「キャップや、わたしがついていてあげるから、安心《あんしん》してねむりなさいね。」

フローレンスは、犬《いぬ》の首《くび》をやさしくだいて、体《からだ》をさすってやりました。

それからは毎晩《まいばん》、フローレンスの姿《すがた》が、犬小屋《いぬごや》にあらわれました。何時間《なんじかん》もなぐさめの言葉《ことば》をかけながら、キャップをさすりつづけました。

このことはやがて、パーセノープの口《くち》から、お母《かあ》さんの耳《みみ》につたわりました。おどろいたお母《かあ》さんは、やめるように言《い》いましたが、フローレンスは聞《き》きませんでした。

こうといったん決《き》めたことは、あくまでおしとおす、強情《ごうじょう》なところが、フローレンスにはありました。


［2］古代《こだい》の海洋生物《かいようせいぶつ》の化石《かせき》を原料《げんりょう》とした油状《あぶらじょう》の薬《くすり》。炎症《えんしょう》をおさえたり、痛《いた》みをやわらげたりするききめがある。日本《にっぽん》では、1906（明治《めいじ》39）年《ねん》に、星製薬《ほしせいやく》の創業者《そうぎょうしゃ》である星一《ほしはじめ》が、はじめて湿布薬《しっぷやく》にイヒチオールを用《もち》いて売《う》りだした。

お母《かあ》さんにとって、フローはやっぱり、あつかいにくい子《こ》どもでした。

かわった子《こ》

日曜日《にちようび》の朝《あさ》、エンブリー荘《そう》の玄関《げんかん》は、ちょっとしたにぎやかさです。

2台《だい》の馬車《ばしゃ》が横《よこ》づけにされ、ナイチンゲールの一家《いっか》と、そのときとまっていた親類《しんるい》の人《ひと》たちが乗《の》りこみます。

馬車《ばしゃ》は広《ひろ》い野原《のはら》を横切《よこぎ》り、にれの林《はやし》をぬけて、教会《きょうかい》のある村《むら》に入《はい》っていきます。

教会《きょうかい》の前《まえ》には、近《ちか》くの農民《のうみん》たちや、商人《しょうにん》たちが集《あつ》まっていて、馬車《ばしゃ》が着《つ》くと、口々《くちぐち》にあいさつを送《おく》ります。

「おはようごぜえます、ナイチンゲールのだんな。よいお天気《てんき》で。」

「おはようございます、ファニー奥《おく》さま。」

お父《とう》さんは、馬車《ばしゃ》をおりながら、手《て》をふってこたえます。

「おはよう、ジョン。今年《ことし》の作《さく》がらはどうだね？」

「へえ、ちっとばかり雨《あめ》さえふってくれれば、なんとか……。」

お母《かあ》さんもこたえます。

「おはよう、カーターのおかみさん。ぼうやの病気《びょうき》はもういいの？」

「はい、奥《おく》さま、おかげさまで、すっかりよくなりましただ。」

それは、いかにも地方貴族《ちほうきぞく》と、その奥《おく》さまらしいようすです。

みんなはぞろぞろと、教会《きょうかい》に入《はい》っていきます。

「見《み》ろよ、ふたりのおじょうさまを。どちらもお美《うつく》しいが、ことにフローレンスおじょうさまときたら、いちだんとお美《うつく》しくなったでねえか。」

「奥《おく》さまに似《に》ただよ。」

こんなささやきが、耳《みみ》に入《はい》ってきます。

そのたびに、お母《かあ》さんは、満足《まんぞく》そうにほほえみました。

ほっそりした体《からだ》つき、ふさふさしたくり色《いろ》の髪《かみ》、パステルでかいたような、ほのかな顔色《かおいろ》。まったくフローレンスは、なんともいえないやさしさと上品《じょうひん》さをそなえていました。

教会《きょうかい》でも、ナイチンゲール一家《いっか》は、特別《とくべつ》の席《せき》にすわりました。

ミサが始《はじ》まり、フローレンスもほかのみんなといっしょに、おいのりをしました。なにをいのったのか、それはまだ、だれにもわかりませんでした。

日曜日《にちようび》の教会行《きょうかいゆ》きは、フローレンスにとって、ひそかな喜《よろこ》びがありました。それは、ときどきではありましたが、教会《きょうかい》の帰《かえ》りに、お母《かあ》さんがまずしい小作人《こさくにん》の家々《いえいえ》を回《まわ》って、ほどこしをするときの、おともをすることでした。ほどこしは、イギリスの上流家庭《じょうりゅうかてい》のひとつの習《なら》わしであり、義務《ぎむ》でもありましたから、さほどめずらしいことではありません。

しかし、そこはフローレンスが住《す》んでいる世界《せかい》とは、なんというちがいでしょう。せまいひとつの部屋《へや》に、何人《なんにん》もの家族《かぞく》が住《す》んでいる家《いえ》、病気《びょうき》でねたっきりの老人《ろうじん》、栄養不良《えいようふりょう》の子《こ》どもがかけずりまわっている路地裏《ろじうら》、病気《びょうき》とまずしさがうようよしている村《むら》……。

そうした家《いえ》を、一軒《けん》一軒《けん》たずねて、持《も》ってきた服《ふく》や、食《た》べものを配《くば》って歩《ある》くのです。

「ありがとうございます、奥《おく》さま、フローレンスおじょうさま。」

なみだをうかべて感謝《かんしゃ》する人《ひと》もいますが、なかにはきげんの悪《わる》い病人《びょうにん》もいて、

「なんだい、わたしゃものもらいじゃないよ。いらぬおせっかいは、ごめんこうむるよ。」

と、つっけんどんに、はねつける人《ひと》もいます。そんな人《ひと》も、フローレンスがかわいい声《こえ》で、

「早《はや》く元気《げんき》になってくださいね。」

と言《い》うと、

「お、おじょうさま!」

いきなりふとんをかぶって、泣《な》きだすのでした。

ときには病人《びょうにん》のまくらもとで、賛美歌《さんびか》を歌《うた》って、なぐさめてあげることもありました。

キャップの骨折《こっせつ》した足《あし》にそえ木《ぎ》を当《あ》てることも、たぶん、こうした村《むら》で知《し》ったのでしょう。

屋敷《やしき》での楽《たの》しい毎日《まいにち》のなかでは、ときどき、ふっとだまりこんでしまうフローレンスでしたが、ここをたずねると、心《こころ》が休《やす》まり、喜《よろこ》びがわいてくるのは、なぜでしょうか。

お母《かあ》さんは、フローレンスのことを、「かわった子《こ》」と思《おも》いましたが、フローレンス自身《じしん》も、

(わたしは、ほかの子《こ》とはちがうのではないかしら?)

と思《おも》いはじめました。

もしそうだったら、そんな自分《じぶん》がおそろしくもありました。上流家庭《じょうりゅうかてい》のみんなと同《おな》

じような、普通《ふつう》の子《こ》になりたい、と思《おも》いました。

小《ちい》さな秘《ひ》密《みつ》の願《ねが》い

こうしたフローレンスの小《ちい》さいなやみには、おかまいなしに、ナイチンゲール一家《いっか》の生活《せいかつ》は、楽《たの》しくすぎていきました。

お父《とう》さんは、犬《いぬ》をつれて狩《か》りにいったり、魚《さかな》つりをしたりしました。小作人《こさくにん》のために力《ちから》をつくし、村《むら》の政治《せいじ》にもかかわりました。

（やがて、夫《おっと》を国会議員《こっかいぎいん》の選挙《せんきょ》に。）

というのが、お母《かあ》さんの夢《ゆめ》でした。

そしてあいかわらず、ふたつの屋敷《やしき》に、おおぜいの親類《しんるい》の人《ひと》をまねいて、ごちそうをするのが、なによりの楽《たの》しみでした。

パーセノープとフローレンスの教育《きょういく》は、クリスティーという女《おんな》の人《ひと》によってなされていました。が、クリスティーが、都合《つごう》でひまをとることになりましたので、両親《りょうしん》はこまってしまいました。

「新《あたら》しい家庭教師《かていきょうし》といっても、なかなかよい人《ひと》が見《み》つかりませんわ。」

お母《かあ》さんがうったえました。

お父《とう》さんのウィリアムは、しばらく考《かんが》えていましたが、やがて決心《けっしん》して言《い》いました。

「よろしい。娘《むすめ》たちの教育《きょういく》は、わたしが引《ひ》きうけよう。」

お父《とう》さんの頭《あたま》には、大学《だいがく》でぎっしりつめこんだ知識《ちしき》が、いっぱいつまっていました。それに、めずらしいものがすきで、ユーモアもありましたから、ふたりの娘《むすめ》の友《とも》だちになるには、うってつけでした。

1832年《ねん》、お父《とう》さんによる、新《あたら》しい教育《きょういく》が始《はじ》まりました。

音楽《おんがく》と絵画《かいが》だけは、家庭教師《かていきょうし》をやといましたが、そのほかのギリシャ語《ご》、ラテン語《ご》、ドイツ語《ご》、フランス語《ご》、イタリア語《ご》、歴史《れきし》、哲学《てつがく》などは、すべてお父《とう》さんが教《おし》えました。

娘《むすめ》たちは、ふたりともかしこくて、ものおぼえがよかったのですが、すぐれているのは、妹《いもうと》のほうでした。

お父《とう》さんは、なかなかきびしい先生《せんせい》でした。

娘《むすめ》たちといっしょに遊《あそ》んでいるときは、さかんに冗談《じょうだん》をとばしてわらわせますが、勉強《べんきょう》の時間《じかん》となると、ようしゃなく、むちで机《つくえ》をたたきました。

フローレンスは、どこまでもやりとげるという、持《も》ち前《まえ》の情熱《じょうねつ》をもやしていどんでいきましたが、パーセノープはついていけませんでした。

姉《あね》と妹《いもうと》のようすは、日《ひ》ごとにちがっていきました。

フローレンスがお父《とう》さんといっしょに、書斎《しょさい》に入《はい》っていると、パーセノープはお母《かあ》さんといっしょに、花《はな》を生《い》けたり、お客《きゃく》をもてなしたりするようになりました。

お客《きゃく》といえば、フローレンスの14歳《さい》の誕生日《たんじょうび》に、お父《とう》さんが勘定《かんじょう》して、こう言《い》いました。

「フロー、おまえにはいとこが27人《にん》、それから、おじさんやおばさんなどが23～24人《にん》もいるよ。」

その主《おも》な者《もの》は、お母《かあ》さん側《がわ》のスミス家《け》の人《ひと》びとでした。

この人《ひと》たちは、一族《いちぞく》のつながりがとても強《つよ》く、だれが結婚《けっこん》するの、だれが生《う》まれたのという大《おお》きなことから、今度《こんど》の休日《きゅうじつ》にはどこへ行《い》こうとか、コックにひまを出《だ》したとかいう小《ちい》さなことまで、手紙《てがみ》でやりとりしていました。

フローレンスには、そういうことがまんのならない、時間《じかん》のむだづかいのように思《おも》われました。

(わたしはつまらない、小《ちい》さなことに時間《じかん》をついやすよりも、なにかちゃんとした仕《し》事《ごと》、やりがいのある仕事《しごと》がしたいわ。)

けれど、それはだれにも打《う》ちあけられない、フローレンスひとりだけの秘密《ひみつ》でした。ちゃんとした仕事《しごと》、やりがいのある仕事《しごと》といっても、それがどんなものなのか、フローレンス自身《じしん》にもわからなかったからです。

フローレンスは、その秘密《ひみつ》を、「自分《じぶん》だけのメモ」とよんでいるノートに書《か》きつづけ、わずかに自分《じぶん》をなぐさめました。

1834年《ねん》の夏《なつ》、ナイチンゲール家《け》に、ひとつの変《か》わり目《め》がおとずれました。

「どうです、アンドーバー地区《ちく》から、国会議員《こっかいぎいん》に立候補《りっこうほ》してみては。」

とすすめられたお父《とう》さんは、翌年《よくねん》、希望《きぼう》にみちて選挙戦《せんきょせん》に出馬《しゅつば》しました。

なによりよろこんだのは、お母《かあ》さんでした。かねてからの夢《ゆめ》がかなえられるのは、このときとばかり、大《おお》いに活躍《かつやく》しました。けれど、その期待《きたい》はうらぎられました。お父《とう》さんは、票《ひょう》をお金《かね》で集《あつ》めることをこばんだため、落選《らくせん》してしまいました。

はじめて知《し》った実際《じっさい》の政治《せいじ》のみにくさに、すっかりいやけのさしたお父《とう》さんは、政《せい》治《じ》から手《て》を引《ひ》き、政治《せいじ》の集会《しゅうかい》にはふっつり行《い》かなくなりました。

狩《か》りも、魚《さかな》つりもやめました。

この人《ひと》はもともと、学者《がくしゃ》にふさわしい性格《せいかく》でしたから、それからのちは、フローレンスを教育《きょういく》することと、書斎《しょさい》にこもることに、毎日《まいにち》のほとんどの時間《じかん》をついやすようになりました。

お母《かあ》さんには、それがたいへん不満《ふまん》でした。

「パーセは17歳《さい》、フローは16歳《さい》。来年《らいねん》か、再来年《さらいねん》には社交界《しゃこうかい》に出《だ》して、よいおむこさんをさがさなければならない。そうなると、エンブリー荘《そう》は、ダンスやパーティーをもよおすのに、ぜんぜんふさわしくないわ。少《すく》なくとも寝室《しんしつ》をもう6部屋《へや》ふやし、台所《どころ》もたてましして広《ひろ》くしなければ。」

そこでお母《かあ》さんは、屋敷《やしき》を改造《かいぞう》するあいだ、娘《むすめ》たちをつれて、外国旅行《がいこくりょこう》に出《で》かけたい、と言《い》いました。

ヨーロッパのすきなお父《とう》さんは、賛成《さんせい》しました。

エンブリー荘《そう》にはすぐ大工《だいく》さんや左官屋《さかんや》さんが入《はい》り、ナイチンゲール家《け》の出発《しゅっぱつ》の日《ひ》どりも決《き》まりました。

神《かみ》さまのよびかけ

1837年《ねん》2月《がつ》7日《なのか》。

フローレンスは、自分《じぶん》のしなければならない仕事《しごと》のことを、じっと考《かんが》えていました。しかし、いくら考《かんが》えてもわかりません。

思《おも》いまよったフローレンスは、神《かみ》さまに話《はな》しかけました。

「神《かみ》さま、わたしはどうしたらよいのでしょう。力《ちから》と知恵《ちえ》をおさずけくださって、わたくしをおみちびきください。」

一心《いっしん》にいのりつづけているうちに、心《こころ》がしずまり、あたりの静《しず》かな空気《くうき》の中《なか》に、体《からだ》がとけこんでいくような気持《きも》ちになってきました。

「フローレンス。」

ふと、だれかによばれたような気《き》がしました。はっとして、あたりを見《み》まわしましたが、だれもいません。

(気《き》のせいだわ。)

そう思《おも》って、また、いのりつづけました。すると、ふたたび、

「フローレンス。」

とよびかける声《こえ》がしました。

「おまえの進《すす》むべき道《みち》は、おまえの信《しん》じる、世《よ》の中《なか》のためになる、とうとい仕事《しごと》をすることだ。」

その声《こえ》はかすかでした。が、フローレンスははっきりと聞《き》いたのです。その瞬間《しゅんかん》、フローレンスは、体《からだ》のすみずみにまで、不思議《ふしぎ》な力《ちから》がみちあふれるのを感《かん》じました。

キリスト教《きょう》では、このように神《かみ》さまの声《こえ》を聞《き》くことを「召命《しょうめい》」といっています。

この日《ひ》、フローレンスは「自分《じぶん》だけのメモ」に、次《つぎ》のように書《か》きました。

——神《かみ》はわたしに話《はな》しかけ、わたしを神《かみ》のご用《よう》にお召《め》しになった。

フローレンスは、まだ17歳《さい》になるかならないかの少女《しょうじょ》です。この年《とし》ごろには、夢《ゆめ》の

世界《せかい》と実際《じっさい》の世界《せかい》をごっちゃにすることが、たびたびあります。

しかし、フローレンスの場合《ばあい》、少女《しょうじょ》のただの夢《ゆめ》ではありませんでした。フローレンスは一生《いっしょう》のあいだに、四《よ》たび「神《かみ》のよびかけ」を聞《き》いたと、「自分《じぶん》だけのメモ」の中《なか》に書《か》いているのです。

では、神《かみ》さまはどんなご用《よう》で、フローレンスをお召《め》しになったのでしょうか。病気《びょうき》に苦《くる》しむ人《ひと》たちのためにつくすように、と言《い》われたのでしょうか。

いいえ、そのことについては、神《かみ》さまはなにも言《い》われませんでしたし、フローレンスも、看護《かんご》の仕事《しごと》などということは、ぜんぜん心《こころ》にうかびませんでした。

なるほど、フローレンスは小《ちい》さいころから、屋敷《やしき》で飼《か》っている犬《いぬ》や、ねこや、小鳥《ことり》などがけがをしたり、病気《びょうき》になると、よく手当《てあ》てをしてやりました。

とくに赤《あか》んぼうは大《だい》すきで、とまりにきた親類《しんるい》の家族《かぞく》の赤《あか》んぼうを、親切《しんせつ》に世話《せわ》しました。

けれど、病気《びょうき》に苦《くる》しむ人《ひと》たちに仕《つか》えるために、神《かみ》さまがお召《め》しになったとは、気《き》がつきませんでした。

フローレンスには、自分《じぶん》の進《すす》む道《みち》がまだ、はっきりとわかっていなかったのです。

でも、こうかたく信《しん》じていました。

（神《かみ》さまが一度《いちど》、わたしによびかけられた以上《いじょう》、いつかまた、きっとよびかけられるにちがいない。）

社交界《しゃこうかい》の花形《はながた》に

青《あお》く晴《は》れわたったフランス街道《かいどう》を、6頭立《とうだ》ての旅行用馬車《りょこうようばしゃ》が走《はし》りつづけていました。

御者《ぎょしゃ》は鼻歌《はなうた》を歌《うた》いながらむちを鳴《な》らし、屋根《やね》の上《うえ》にすわったふたりの娘《むすめ》は、うつりかわる景色《けしき》に、喜《よろこ》びの声《こえ》をあげていました。

1837年《ねん》9月8日《がつようか》、サウサンプトン港《こう》を出発《しゅっぱつ》したナイチンゲール一家《いっか》は、イギリス海峡《かいきょう》をこえて、フランスのルアーブルにわたり、いま、フランス街道《かいどう》をまっすぐに、南《みなみ》をさして走《はし》っているのです。

フローレンスは、体中《からだじゅう》がうきうきしていました。

途中《とちゅう》のシャルトルという町《まち》では、

「月《つき》の光《ひかり》にてらされた寺院《じいん》が、あまりに美《うつく》しいので、うっとりと見《み》とれて、夜通《よどお》し、窓辺《まどべ》にすわりつづけた。」

と、日記《にっき》に書《か》いています。

12月《がつ》15日《にち》、地中海《ちちゅうかい》にのぞむニースの町《まち》に着《つ》きました。

ここではダンスに熱中《ねっちゅう》して、なかよしのいとこにあてた手紙《てがみ》に、

「このシーズンのいちばんはなやかな舞踏会《ぶとうかい》で、わたしは、どのカドリール（4人《にん》が向《む》かいあっておどるダンス）もひとつのこらずおどったわ。」

と書《か》いて送《おく》りました。

次《つぎ》にイタリアへ行《い》きました。フィレンツェ（フローレンス）――。赤《あか》んぼうのとき

で、なにもおぼえてはいませんが、名前《なまえ》をもらったなつかしい町《まち》です。

ここではフローレンスは、音楽熱《おんがくねつ》にうかされ、お母《かあ》さんにねだって、1週間《しゅうかん》に3度《ど》もオペラにつれていってもらいました。

それも、ただうっとり聞《き》きほれているだけでは、満足《まんぞく》しませんでした。ノートをつくって、オペラの楽譜《がくふ》や、台本《だいほん》や、歌手《かしゅ》の演技《えんぎ》などを、細《こま》かく研究《けんきゅう》しました。

あくる年《とし》の秋《あき》、ナイチンゲール一家《いっか》は、フランスにもどってきました。そして、5〜6か月《げつ》をパリですごすために、アパートをかりました。

というのは、お母《かあ》さんはここで、フランスの有名《ゆうめい》な人《ひと》たちと知《し》りあいたい、と思《おも》っていたからです。

ふたりの娘《むすめ》が、社交界《しゃこうかい》に出《で》る日《ひ》の下準備《したじゅんび》で、そのために、パリでよく知《し》られている、メアリ・クラークという婦人《ふじん》あての紹介状《しょうかいじょう》をもらってきていました。

メアリ・クラークの家《いえ》の客間《きゃくま》には、毎週金曜日《まいしゅうきんようび》の夜《よる》、大臣《だいじん》、公爵《こうしゃく》、司教《しきょう》、学者《がくしゃ》、作家《さっか》などが集《あつ》まりました。一家《いっか》はそこにくわわったのです。

まもなくナイチンゲール家《け》の人《ひと》たちはみな、メアリ・クラークにすっかり気《き》に入《い》られてしまいました。なかでもいちばん気《き》に入《い》られたのは、フローレンスでした。クラーク夫人《ふじん》は、フローレンスを音楽会《おんがくかい》や、パーティーや、芸術家《げいじゅつか》たちの集《あつ》まりなどにつれだしました。

フローレンスの心《こころ》は、幸福《こうふく》ではちきれそうでした。生《う》まれてはじめてすった自由《じゆう》の空気《くうき》に、頭《あたま》がぼうっとなるほどでした。

「神《かみ》のよびかけ」は、フローレンスの心《こころ》から消《き》えさっていました。

お母《かあ》さんは、こうした娘《むすめ》のようすを見《み》て、たいそう満足《まんぞく》でした。

(わたしの思《おも》ったとおり、フローは、ゆくゆくは社交界《しゃこうかい》の花形《はながた》になるだろう。)

ということが、はっきりわかったからです。

それは、お母《かあ》さんにとって、かぎりないほこりであり、かがやかしい希望《きぼう》でありました。

1839年《ねん》4月《がつ》、ナイチンゲール家《け》の人《ひと》たちは、パリをたってロンドンに帰《かえ》りました。

た。

お母《かあ》さんはさっそく、ロンドンに住《す》む姉《あね》のニコルソン夫妻《ふさい》といっしょに、カールトン・ホテルのひとつの階《かい》を全部《ぜんぶ》かりきりました。

5月《がつ》24日《か》の女王誕生日《じょおうたんじょうび》。フローレンスとパーセノープは、ビクトリア女王《じょおう》にお目《め》にかかりました。

パリじたてのまっ白《しろ》な衣装《いしょう》をつけたフローレンスは、ひときわ美《うつく》しく見《み》えました。ロンドンの社交界《しゃこうかい》は、はなやかな色《いろ》と、においにみちていました。少女《しょうじょ》たちは、そのうずの中《なか》にまきこまれてしまいました。

フローレンスの心《こころ》は、衣装《いしょう》と舞踏会《ぶとうかい》のことで、いっぱいになりました。一日一日《いちにちいちにち》が、たえまのない興奮《こうふん》のうちに、すぎていきました。

まもなく19歳《さい》のフローレンスの心《こころ》に、ひとつの愛情《あいじょう》が芽《め》ばえました。いとこにあたるニコルソン家《け》のマリアンヌは、すぐれた音楽《おんがく》の才能《さいのう》をもち、顔《かお》だちも美《うつく》しい女性《じょせい》でした。けれど、きげんがよいかと思《おも》うと、すぐに悪《わる》くなるという、お天気《てんき》やさんなのが、友情《ゆうじょう》をはぐくんでいくには、ちょっと心配《しんぱい》でした。
(わたしがマリアンヌをすきなように、マリアンヌはわたしを大切《たいせつ》な友《とも》だちと思《おも》って
くれるかしら?)

幸福《こうふく》とはなにか

9月《がつ》、ナイチンゲール一家《いっか》は、2年《ねん》ぶりで、エンブリー荘《そう》に帰《かえ》ってきました。
はなやかな社交界《しゃこうかい》での興奮《こうふん》が、まださめきれないフローレンスにとって、いなかの
生活《せいかつ》はたいくつでした。
それよりもフローレンスは、自分《じぶん》に対《たい》して、はげしい不満《ふまん》を感《かん》じていました。
(わたしは、神《かみ》さまのよびかけにふさわしいような努力《どりょく》を、なにひとつしていないいで
はないか。)
自分《じぶん》をせめる気持《きも》ちが、ときどき、針《はり》をさされたように、チクリチクリといたみま

した。

それを表《おもて》に表《あらわ》せないために、いっそうみじめな気持《きも》ちになりました。

フローレンスは、体《からだ》の具合《ぐあい》が悪《わる》くなりました。

メイおばさんが心配《しんぱい》してくれました。お父《とう》さんのウィリアムに似《に》た、このおばさんは、お母《かあ》さんのファニーよりも、ずっとフローレンスの気持《きも》ちをわかってくれる、よい友《とも》だちでした。

「フローのためには、すこし気分《きぶん》をかえさせたらよいと思《おも》います。ロンドンのわたしの家《いえ》に、遊《あそ》びによこしてください。」

お母《かあ》さんは、すすめにしたがって、フローレンスをロンドンにやりました。

ロンドンはちょうど、ビクトリア女王《じょおう》の結婚式《けっこんしき》のうわさで、にぎわっていました。

フローレンスは、たちまち元気《げんき》をとりもどしました。

女王《じょおう》をお祝《いわ》いするはなやかな式《しき》のようすを、いきいきとした文章《ぶんしょう》でつづった手紙《てがみ》が、お母《かあ》さんのところにとどきました。

オペラを見物《けんぶつ》し、バレンタインの日《ひ》には、たくさんのカードをもらった、とも書《か》かれていました。［3］

お母《かあ》さんは、ほっとしました。

でも、ほんとうに安心《あんしん》してよいのでしょうか。

つづいて、今度《こんど》はメイおばさんからの手紙《てがみ》が来《き》ました。

「フローレンスは、豊《ゆた》かな才能《さいのう》とそれを自分《じぶん》のためばかりでなく、広《ひろ》く社会《しゃかい》のために役立《やくだ》てる、すぐれた能力《のうりょく》をもっています。ああいう性格《せいかく》の子《こ》に、生《い》きる喜《よろこ》びをあたえるには、困難《こんなん》な仕事《しごと》が必要《ひつよう》だと思《おも》います。それで、あなたがゆるしてくだされば、あの子《こ》に数学《すうがく》を学《まな》ばせたいと……。」

手紙《てがみ》を読《よ》んだお母《かあ》さんは、びっくりして、とんでもない、と反対《はんたい》しました。

「フローのいちばんの幸福《こうふく》は、結婚《けっこん》することです。結婚《けっこん》した女《おんな》にとって、数学《すうがく》などなんの役《やく》に立《た》つでしょう。」

メイおばさんがくりだした、助《たす》けの糸《いと》は、ぷっつり切《き》られてしまいました。

5月《がつ》のなかば、フローレンスはエンブリー荘《そう》に帰《かえ》ってきました。

その夏《なつ》、エンブリー荘《そう》では、つぎつぎにお客《きゃく》さまをまねきました。

パリからはメアリ・クラークがおとずれて、長《なが》いあいだとまっていきました。

お母《かあ》さんの新《あたら》しい友《とも》だち、パーマストン卿《きょう》とその夫人《ふじん》も、たびたびたずねてきました。

この人《ひと》は、15年《ねん》のちに、フローレンスがクリミアで、奇跡《きせき》のような仕事《しごと》をなしとげたとき、首相《しゅしょう》としてミス・ナイチンゲール（フローレンス）を助《たす》けたひとりです。そのほか、ビクトリア女王《じょおう》と、その夫君《おっとぎみ》のアルバート殿下《でんか》と親《した》しかった、学者《がくしゃ》で、プロイセン大使《たいし》のブンゼン。少年犯罪者《しょうねんはんざいしゃ》を大人《おとな》の監獄《かんごく》に入《い》れるのをやめさせて、教護院《きょうごいん》に

［3］バレンタインの風習《ふうしゅう》は時代《じだい》や国《くに》によってさまざま。現在《げんざい》の欧米《おうべい》では、恋人同士《こいびとどうし》、または夫婦《ふうふ》や家族《かぞく》の間《あいだ》で、カードや花《はな》、プレゼントをおくりあう国《くに》が多《おお》い。

送《おく》るように力《ちから》をつくしたミルンズなど。

こうした人《ひと》たちに囲《かこ》まれて、フローレンスは、知識人《ちしきじん》の間《あいだ》でもてはやされ、すっかり有名人《ゆうめいじん》になりました。

ある人《ひと》は、こう言《い》いました。

「ミス・ナイチンゲールは、ダンスがすばらしくじょうずで、おどろくばかりの知識《ちしき》をもち、いきいきとして、ものまねがうまかった。」

けれど、人《ひと》びとは知《し》りませんでした。

社交界《しゃこうかい》ではなやかなヒロインになりたい、という誘惑《ゆうわく》と、懸命《けんめい》にたたかっている、もうひとりのフローレンスを。

フローレンスの心《こころ》の中《なか》には、光《ひかり》と影《かげ》がたがいにあらそっていたのです。

生《い》きる喜《よろこ》び

光《ひかり》と影《かげ》は、国《くに》にもありました。

ビクトリア女王《じょおう》の時代《じだい》は、イギリスの力《ちから》が世界中《せかいじゅう》におよんで、もっとも国《くに》がさかえたとき、といわれています。

しかし、1843年《ねん》のイギリスは、歴史《れきし》にも、「飢《う》えた40年代《ねんだい》」と書《か》かれているように、たいへん困難《こんなん》な時代《じだい》でした。

首都《しゅと》のロンドンでも、バッキンガム宮殿《きゅうでん》ではなやかな舞踏会《ぶとうかい》がもよおされるいっぽう、一歩《いっぽ》、町《まち》に出《で》ると、ごみの山《やま》の中《なか》を、病気《びょうき》とひもじさで、やせおとろえた人《ひと》たちが、うようよしていました。

そのありさまは、いなかでも同《おな》じでした。

フローレンスは、「自分《じぶん》だけのメモ」の中《なか》で、次《つぎ》のように書《か》いています。

「わたしの心《こころ》は、人間《にんげん》の苦《くる》しみ、なやみという考《かんが》えでいっぱいになっている。それが、わたしを前《まえ》からも、後《うし》ろからもせめたてる。わたしの見《み》るかぎりの人《ひと》たちは、心《しん》配《ぱい》と、まずしさと、病気《びょうき》に食《く》いころされている。」

フローレンスは、いまこそ自分《じぶん》の進《すす》むべき道《みち》が、ぜいたくな楽《たの》しみだけをもとめている人《ひと》たちのなかではなく、不幸《ふこう》な人《ひと》たちのなかにあることを、はっきりとさとったのです。

では、なにから始《はじ》めたらよいのでしょうか。

1843年《ねん》の7月《がつ》、ナイチンゲール一家《いっか》はリーハースト荘《そう》にうつりました。

「お母《かあ》さま、わたしにプレゼントをくださらない?」

「おや、フローがおねだりするなんて、めずらしいわね。なにがほしいの。首《くび》かざり? それとも……。」

「いいえ、薬《くすり》と食《た》べ物《もの》。それから、毛布《もうふ》とか、いらなくなった服《ふく》とか。」

「まあ、そんなもの、なにに使《つか》うの。」

お母《かあ》さんは、あきれたように首《くび》をふりましたが、それでも、使用人《しようにん》に言《い》いつけて、ととのえてくれました。

フローレンスは、それをかかえて、屋敷《やしき》の近《ちか》くのほったて小屋《ごや》に住《す》んでいる、まずしい人《ひと》たちをたずね、配《くば》って歩《ある》きました。

そのうちの一軒《けん》に、ひとりのおばあさんがねこんでいました。身《み》寄《よ》りがなく、ときどき、となりのおかみさんが来《き》て、世《せ》話《わ》をしてくれるとのことです。が、おかみさんには子《こ》どもがおおぜいいるので、手《て》が回《まわ》りかねるようです。

おばあさんは、夜昼《よるひる》の区別《くべつ》なしに、体中《からだじゅう》がいたむ病気《びょうき》にかかっていました。

フローレンスは、持《も》ってきた毛布《もうふ》をかけてやり、おばあさんの体《からだ》をもんだり、さすったりして、看病《かんびょう》しました。

「もったいない、おじょうさま。」

はじめのうちは、遠慮《えんりょ》していたおばあさんも、毎日《まいにち》通《かよ》ううち、すっかり打《う》ちとけ

て、フローレンスの来《く》るのを待《ま》ちかねるようになりました。

「ありがとうございます。おじょうさまのおかげで、痛《いた》みも少《すく》なくなり、夜《よる》もぐっすりねむれるようになりました。ほんとうに、楽《らく》になりました。」

こういう言葉《ことば》を聞《き》くと、フローレンスは、しみじみと生《い》きる喜《よろこ》びを感《かん》じました。心《こころ》の底《そこ》から勇気《ゆうき》がわいてくるような気《き》がしました。

しかし、短《みじか》い夏《なつ》はすぎさりました。ナイチンゲール一家《いっか》は、またエンブリー荘《そう》にうつることになりました。

「わたし、もうしばらくリーハーストにのこるわ。」

とフローレンスは言《い》いました。

「いけません、そんなわがままは。わかい娘《むすめ》をひとり、のこすなんてことができますか。」

お母《かあ》さんに、ぴしゃりと止《と》められてしまいました。

フローレンスは、そのときの気持《きも》ちを、日記《にっき》に書《か》くほかありませんでした。

「わたしはリーハーストをはなれるのが、心残《こころのこ》りでならなかった。たくさんのしなければならない仕事《しごと》があったのに……。わたしは一生《いっしょう》のあいだ、毎日《まいにち》、ああいう仕事《しごと》ばかりしていても、ちっともいやではない。気《き》のどくな人《ひと》たちをおおぜい、リーハーストにのこしてきた。あの人《ひと》たちをもっとお世話《せわ》してあげたかったのに……。」

でも、このころから、親類《しんるい》の間《あいだ》で病人《びょうにん》が出《で》ると、ひとつの習《なら》わしができました。

「フローレンスに来《き》てもらおうよ。病人《びょうにん》の看護《かんご》は、あの子《こ》にまかせておけば、ほかのだれよりも安心《あんしん》だからね。」

ハウ博士《はかせ》の言葉《ことば》

1844年《ねん》6月《がつ》、フローレンスの運命《うんめい》が、ついに決《き》まるときがきました。

24歳《さい》のフローレンスは、エンブリー荘《そう》のひと部屋《へや》で、アメリカからきたサミュエル・グリトリー・ハウ博士《はかせ》と向《む》かいあっていました。

ハウ博士《はかせ》は、社会事業家《しゃかいじぎょうか》・慈善事業家《じぜんじぎょうか》として、広《ひろ》く名《な》を知《し》られていました。また、学者《がくしゃ》として、目《め》の不自由《ふじゆう》な人《ひと》の教育法《きょういくほう》を発明《はつめい》し、のちにヘレン・ケラーが学《まな》んだ、パーキンス盲学校《もうがっこう》の初代校長《しょだいこうちょう》をつとめた人《ひと》としても、有名《ゆうめい》です。

フローレンスはたずねました。

「ハウ博士《はかせ》、わたくしが病院《びょういん》やそのほかで、めぐまれない人《ひと》たちのためにはたらくとしましたら、それはとんでもないことだとお考《かんが》えになるでしょうか。」

博士《はかせ》は、フローレンスの思《おも》いつめたような顔《かお》を、じっと見《み》つめていましたが、はっきりと答《こた》えました。

「ミス・フローレンス、イギリスの上流家庭《じょうりゅうかてい》では、それは普通《ふつう》、とんでもないことだと考《かんが》えられています。しかし、わたしはあなたに『お進《すす》みなさい。』と申《もう》します。もしあなたが、そういう生《い》き方《かた》を、神《かみ》さまからあたえられた仕事《しごと》と感《かん》じておられるなら、それにしたがいなさい。あなたがめぐまれない人《ひと》たちの幸福《こうふく》のために、つとめをはたすのは、とんでもないことどころか、りっぱな行《おこな》いです。わたしは、神《かみ》さまがあなたとともにいてくださることをいのります。」

フローレンスが「病院《びょういん》」という言葉《ことば》を口《くち》に出《だ》したのは、このときがはじめてでした。いままでは家族《かぞく》の者《もの》にも、一度《いちど》も口《くち》に出《だ》したことはありませんでした。なぜなら、それはおそろしい言葉《ことば》だったからです。

そのころの病院《びょういん》は、世《よ》の中《なか》のきたないもの、みじめなもの、悪《わる》いもののふきだまりでした。

病室《びょうしつ》に足《あし》をふみいれると、はきけをもよおすほど、いやなにおいがこもっていました。ベッドはすきまがないまでにつめこまれ、シーツは洗濯《せんたく》したことがなく、よごれほうだいでした。

患者《かんじゃ》たちは、こっそり持《も》ちこんだ酒《さけ》を飲《の》み、なぐりあって、大声《おおごえ》をあげていました。そのうえ、看護師《かんごし》というのがたいていなまけもののいいかげんな女《おんな》で、患者《かんじゃ》のものをぬすんだり、酒《さけ》を飲《の》んだりすることも平気《へいき》でした。

ですから、看護師《かんごし》というと、そのころあった女性《じょせい》の仕事《しごと》のうちで、いちばん評判《ひょうばん》が悪《わる》く、いやしいものとされていました。

フローレンスが進《すす》んでいこうとする道《みち》は、こういったありさまだったのです。

けれど、決心《けっしん》はしたものの、フローレンスは1年《ねん》がすぎても、そのことはだれにも打《う》ちあけませんでした。そのため、やりきれない気持《きも》ちになって、ときどき病気《びょうき》になったりしました。

「このごろのフローは、どうしたのかしら。ふさぎこんでばかりいますわ。」

「食事《しょくじ》もあまりとらないようだね。」

お父《とう》さんも、お母《かあ》さんも心配《しんぱい》しましたが、ほんとうのわけはわかりませんでした。

そのうち、ひとつの事件《じけん》が起《お》こりました。

ニコルソン家《け》のマリアンヌの兄《あに》ヘンリーが、フローレンスに結婚《けっこん》を申《もう》しこんできたのです。フローレンスは、ヘンリーがすきでしたし、申《もう》しこみがあれば、すぐにも「はい。」と答《こた》えるものと、両家《りょうけ》の人《ひと》びとは思《おも》っていました。

ところが、フローレンスの返事《へんじ》は、「いいえ。」でした。

マリアンヌははらを立《た》てて、フローレンスとのつきあいを、ことわってきました。友情《ゆうじょう》をうしなったフローレンスは、悲《かな》しみのふちにつきおとされました。フローレンスは、なにを考《かんが》える気力《きりょく》もなくなって、ぼんやりしてしまいました。

では、なぜフローレンスは、ニコルソン家《け》のヘンリーとの結婚《けっこん》をことわったのでしょうか。

（ヘンリーと結婚《けっこん》すれば、わたしたちは広《ひろ》い屋敷《やしき》に住《す》み、多《おお》くの使用人《しようにん》に囲《かこ》まれて、なに不自由《ふじゆう》なくくらせるだろう。ヘンリーは教養《きょうよう》もあり、人柄《ひとがら》もよいから、わたしたちの生活《せいかつ》はすばらしいものになるだろう。けれど、いま、わたしが心《こころ》の中《なか》に秘密《ひみつ》にしていることを実行《じっこう》するには、ヘンリーは夫《おっと》としてふさわしくない。）

と思《おも》ったからです。

1845年《ねん》の8月《がつ》、フローレンスは、お父《とう》さんといっしょに、父方《ちかた》の祖母《そぼ》、ショアおばあさんの家《いえ》をたずねました。

行《い》ってみると、おばあさんは重《おも》い病気《びょうき》にかかっていたので、フローレンスはのこって、看病《かんびょう》しました。

おばあさんがよくなると、今度《こんど》はパーセノープとフローレンスの乳母《うば》ゲールが病気《びょうき》になりました。

フローレンスはまた看病《かんびょう》することをゆるされました。乳母《うば》はフローレンスに手《て》をにぎられ、感謝《かんしゃ》しながら息《いき》を引《ひ》きとりました。

秋《あき》に、エンブリーの近《ちか》くの村《むら》で、病気《びょうき》がはやったときは、フローレンスは、まっ先《さき》に立《た》って、はたらきました。

こうしたできごとは、マリアンヌをうしなった悲《かな》しみをうすれさせました。同時《どうじ》に、看護《かんご》には、やさしさと同情《どうじょう》と、忍耐《にんたい》のほかに、正《ただ》しい訓練《くんれん》と技術《ぎじゅつ》が必要《ひつよう》なことがわかりました。

それは、どうしたら学《まな》ぶことができるでしょうか。

ローマのめぐりあい

12月《がつ》、昔《むかし》から知《し》りあっているファウラー博士《はかせ》と奥《おく》さんが、エンブリー荘《そう》にとまりがけで遊《あそ》びにきました。

博士《はかせ》はエンブリーから5〜6キロメートルはなれたところにある、ソールズベリ治《ち》療院《りょういん》の院長《いんちょう》でした。

フローレンスは、チャンスだ、と思《おも》いました。

「お母《かあ》さま、お願《ねが》いがあるのです。」

と、あらたまった声《こえ》で言《い》いました。

お母《かあ》さんは、いつもとちがう、娘《むすめ》の真剣《しんけん》な顔《かお》つきに、けげんそうにたずねました。

「なあに、お願《ねが》いって?」

「わたしを3か月《げつ》のあいだ、ソールズベリの病院《びょういん》に行《い》かせていただきたいのです。そこで、看護《かんご》の方法《ほうほう》を学《まな》びたいのです。」

「えっ、な、なんですって……。」

お母《かあ》さんはびっくりして顔色《かおいろ》がかわりました。体《からだ》がぶるぶるふるえだしました。

さあ、たいへん、ナイチンゲール家《け》に大《おお》あらしが起《お》こったのです。

「フロー、あなたは、なんてことを考《かんが》えるの、病院《びょういん》へ行《い》きたいなんて……。あんなおそろしいところへ……。」

「いいえ、お母《かあ》さま。わたしはもう長《なが》いあいだ、いつかお願《ねが》いしようと思《おも》って、そのおりを待《ま》っていたのです。不幸《ふこう》な病気《びょうき》の人《ひと》のお世話《せわ》をする看護師《かんごし》くらい、生《い》きがいのある仕事《しごと》は、ほかにはありませんわ。わたしにとって、それがいちばんの幸福《こうふく》なのです。どうか、わたしを病院《びょういん》に行《い》かせてください。」

フローレンスの目《め》からは、止《と》めどなく、なみだがあふれおちました。

お母《かあ》さんはただ、おろおろするばかりでした。

「フロー、後生《ごしょう》だから、そんなおそろしい話《はなし》は、やめにしておくれ。」

フローレンスは、お父《とう》さんを見《み》ました。お父《とう》さんは、愛想《あいそ》がつきたという、つめたい顔《かお》つきをしていました。

フローレンスは、ねえさんを見《み》ました。パーセノープはヒステリーを起《お》こして、床《ゆか》をバンバン鳴《な》らしました。

フローレンスは、最後《さいご》にファウラー博士夫妻《はかせふさい》を見《み》ました。

(この人《ひと》たちなら、わたしの気持《きも》ちをわかってくれるはずだわ。)

けれど、ファウラー博士夫妻《はかせふさい》はこまりはてて、

「まあまあ、おじょうさん、そんなに思《おも》いつめないで。人《ひと》の役《やく》に立《た》ちたいのでしたら、いくらでも、あなたにふさわしいやり方《かた》がありますよ。教会《きょうかい》に献金《けんきん》するとか、慈善事業《じぜんじぎょう》に寄付《きふ》をするとか……。」

と言《い》って、にげるように帰《かえ》っていきました。

フローレンスの完全《かんぜん》な負《ま》けでした。

ひとりぼっちの、ねむれない夜《よる》がつづきました。

フローレンスは、友《とも》だちに送《おく》った手紙《てがみ》の中《なか》で、こう書《か》きました。

「わたしは、このまま生《い》きつづけたところで、なんの役《やく》にも立《た》たないでしょう。わたしはなにひとつやることのできない、ごみよりもつまらない人間《にんげん》です。」

「フローをこのままにしておいたら、いまに死《し》んでしまうわ。」

「まったく、あの子《こ》にはこまってしまう。なにかフローを元気《げんき》にする、よい考《かんが》えはないだろうか。」

ナイチンゲール一家《いっか》は、みんなとほうにくれていました。

けれど、フローレンスがこっそり、パリやベルリンに手紙《てがみ》を送《おく》って、病院《びょういん》についての報告書《ほうこくしょ》をとりよせ、夜明《よあ》けまえのろうそくの光《ひかり》で、せっせとノートをとっていることには、だれも気《き》がつきませんでした。

このようにして、月日《つきひ》はすぎていきました。

ちょうどそのころ、フローレンスには、ふたりの新《あたら》しい友《とも》だちができました。パリに住《す》むメアリ・クラークを通《つう》じて知《し》りあった、ブレイスブリッジ夫妻《ふさい》でした。

夫妻《ふさい》は、フローレンスが顔色《かおいろ》も青《あお》ざめ、苦《くる》しそうに、せきをしているのを見《み》て、救《すく》いの手《て》をさしのべてくれました。

「わたしたちは近《ちか》く、ローマに旅行《りょこう》しますが、そのとき、フローレンスさんをいっしょにつれていきたいと思《おも》います。おゆるしいただけますか。」

お母《かあ》さんは承諾《しょうだく》しました。外国旅行《がいこくりょこう》をしてくれれば、フローレンスの気分《きぶん》もかわるだろう、と考《かんが》えたからです。

１８４７年《ねん》10月《がつ》、一行《いっこう》はイギリスを出発《しゅっぱつ》して、ローマへ向《む》かいました。

「ああ、なんと楽《たの》しかったことだろう。わたしは一生《いっしょう》のあいだのどんなときにも、ローマにいたときほど、楽《たの》しい思《おも》いをしたことがない。」

と、このときのことをフローレンスは書《か》いています。

システィナ礼拝堂《れいはいどう》の天井《てんじょう》いっぱいにかかれた、ミケランジェロ[4]の絵《え》。感動《かんどう》にふるえたフローレンスは、その複製《ふくせい》を買《か》って、そののち一生《いっしょう》のあいだ、いつも自分《じぶん》の部屋《へや》にかけていました。

おおみそかには、夕方《ゆうがた》から夜中《よなか》すぎまで、ダンスをおどりつづけました。

しかし、なんといっても、フローレンスにとって運《うん》のよかったのは、シドニー・ハーバート夫妻《ふさい》とめぐりあったことでした。

シドニー・ハーバートは、15年間《ねんかん》も国会議員《こっかいぎいん》としてはたらき、大臣《だいじん》をつとめたこともありました。

たいへんな財産《ざいさん》をもち、イギリスでも指折《ゆびお》りの美《うつく》しい屋敷《やしき》に住《す》んでいました。が、その財産《ざいさん》をまずしい人《ひと》たちのために役立《やくだ》てようと、かくれて慈善事業《じぜんじぎょう》に寄付《きふ》するような人《ひと》でもありました。

ハーバート夫妻《ふさい》がローマに来《き》たのは、それまでのびのびになっていた、新婚旅行《しんこんりょこう》のためでした。フローレンスと知《し》りあったのは、名所見物《めいしょけんぶつ》のおり、偶然《ぐうぜん》に、奥《おく》さんのリズと言葉《ことば》をかわしたのが始《はじ》まりでした。

この偶然《ぐうぜん》のめぐりあいが、のちにフローレンスとハーバートに、どんなに大《おお》きな意味《いみ》をもつか、もとより、ふたりは知《し》るはずもありませんでした。

「わたしは出発《しゅっぱつ》します。」

イギリスに帰《かえ》ってくると、家《いえ》の人《ひと》たちは、大喜《おおよろこ》びでフローレンスをむかえました。

（フローはきっと、かわったにちがいない。）

だが、ちっともかわっていませんでした。

フローレンスはあいかわらず、みんなにかくれて、近《ちか》くの村《むら》のまずしい人《ひと》たちを看《かん》病《びょう》し、夕食《ゆうしょく》にまにあうように、ぬかるみの道《みち》を、はあはあ息《いき》を切《き》らせてかけもどってくるのでした。

［4］１４７５～１５６４年《ねん》。イタリアの彫刻家《ちょうこくか》、画家《がか》、建築家《けんちくか》。彫刻《ちょうこく》では「ピエタ」「ダビデ像《ぞう》」が有名《ゆうめい》。システィナ礼拝堂《れいはいどう》の壁画《へきが》は、「天地創造《てんちそうぞう》」に始《はじ》まるキリスト教《きょう》の９画面《がめん》におよぶ天井画《てんじょうが》と、正面《しょうめん》に「最後《さいご》の審判《しんぱん》」をえがいた大作《たいさく》。詩人《しじん》でもある。

春《はる》の社交《しゃこう》シーズンが来《き》ました。一家《いっか》はまたロンドンに出《で》かけました。

おどりながら、フローレンスは、胸《むね》の中《なか》でさけんでいました。

（こんなことをしていられない。わたしは、神《かみ》さまに対《たい》して、罪《つみ》をおかしている。このままだと、わたしは気《き》が変《へん》になってしまいそう……。）

ローマの旅行《りょこう》でとりもどした健康《けんこう》は、また、元《もと》にもどってしまいました。心《こころ》は、まえよりもいっそう、みじめでした。

そこで、ふたたびブレイスブリッジ夫妻《ふさい》が間《あいだ》に入《はい》って、お母《かあ》さんを説《と》きふせました。

今度《こんど》は、エジプトとギリシャへ行《い》こうというのです。

１８４９年《ねん》の秋《あき》、３人《にん》は出発《しゅっぱつ》しました。

けれど、ピラミッドも、ナイル川《がわ》のすばらしいながめも、アテネの神殿《しんでん》も、しずみきっているフローレンスの目《め》には、それほど美《うつく》しくはうつりませんでした。

ただひとつのなぐさめは、ナイル川《がわ》のふちで見《み》つけた、２ひきのカメレオンでした。毎晩《まいばん》、自分《じぶん》のベッドにねかせました。

ほかに、ミスター・ヒル、ミセス・ヒルと名《な》づけた2ひきのかめ、プラトンと名《な》づけたせみ、アテネと名《な》づけたふくろうの赤《あか》んぼうが、フローレンスといっしょに旅行《りょこう》しました。

ふくろうの子《こ》は、アテネ神殿《しんでん》で、わんぱく少年《しょうねん》たちにいじめられているのを助《たす》けてやったものでした。

フローレンスにとてもよくなつき、どこへ行《い》くにもポケットに入《はい》って、目玉《めだま》をきょろきょろさせていました。

「さて、わたしたちは、これから帰《かえ》るのだが、ドイツのベルリンを通《とお》る道《みち》をえらぶとしようかね。そうすれば、わたしたちがベルリンにとどまっているあいだ、きみはカイゼルスベルトをたずねることができるよ。」

ブレイスブリッジさんが、親切《しんせつ》に言《い》ってくれました。

「そうですか……。」

フローレンスは元気《げんき》なく答《こた》えました。

カイゼルスベルトは、フローレンスのあこがれの町《まち》でした。

そこにはカイゼルスベルト学園《がくえん》というのがあり、看護師《かんごし》の訓練《くんれん》をしていることを、まえに送《おく》ってもらった報告書《ほうこくしょ》で読《よ》んで、ぜひ一度《いちど》、たずねてみたいと思《おも》っていたからです。

けれど、ベルリンに着《つ》いても、フローレンスの心《こころ》はしずんだままでした。そうして、7月《がつ》31日《にち》に、ライン川《がわ》のほとりの町《まち》をたずねました。

カイゼルスベルト学園《がくえん》は、テオドル・フリードナーという牧師《ぼくし》が、自分《じぶん》の家《いえ》の裏庭《うらにわ》のあずまや（柱《はしら》と屋根《やね》だけの休憩所《きゅうけいじょ》）をつくりなおして、刑期《けいき》を経《へ》て出所《しゅっしょ》した人《ひと》を入《い》れたのが始《はじ》まりです。

それがいままでは、だんだんたてましして、病院《びょういん》・幼稚園《ようちえん》・孤児院《こじいん》ができています。

また、ちゃんとした家柄《いえがら》の女《おんな》の人《ひと》たちに、実際《じっさい》の看護《かんご》の方法《ほうほう》と訓練《くんれん》を学《まな》ばせる養成所《ようせいじょ》もありました。

フローレンスは、ここに2週間《しゅうかん》とまりこんで、フリードナー院長《いんちょう》をたずねたり、おぜいの看護師《かんごし》がはたらくようすを、見学《けんがく》したりしました。そうしているうちに、フローレンスは元気《げんき》をとりもどしていきました。自分《じぶん》がねがっている仕事《しごと》を、実際《じっさい》にやっている人《ひと》たちを見《み》て、勇気《ゆうき》がわきました。

（でも、2週間《しゅうかん》はあまりに短《みじか》いわ。いつかもう一度《いちど》来《き》て、もっとみっちり勉強《べんきょう》しなければ。）

と思《おも》い、日記《にっき》に、次《つぎ》のように書《か》きました。

「どんなものも、もう二度《にど》と、わたしを暗《くら》い気持《きも》ちにつきおとすことはないだろう。」

8月《がつ》21日《にち》、フローレンスは、すがすがしい気持《きも》ちで、リーハースト荘《そう》に帰《かえ》ってきました。

まず、ポケットから、ふくろうの子《こ》をとりだして、家族《かぞく》の者《もの》をおどろかせました。が、幸福《こうふく》なときは、ほんの数時間《すうじかん》しかつづきませんでした。

フローレンスが、ドイツのカイゼルスベルト学園《がくえん》をおとずれたことを知《し》ったお母《かあ》さんは、ひどくはらを立《た》てました。

「フロー、あなたはなんという、はじ知《し》らずなことをしてくれたの。ナイチンゲール家《け》の名《な》に泥《どろ》をぬったも同《おな》じですよ。これからはぜったいに、勝手《かって》な行《おこな》いはゆるしませ
ん。」

けれど、フローレンスはいつまでも子《こ》どもあつかいされたくはありませんでした。

30歳《さい》の大人《おとな》でした。

フローレンスと家族《かぞく》との間《あいだ》は、いっそうけわしくなりました。

なかでも、いちばんひどくおこったのは、31歳《さい》のねえさんのパーセノープでした。

パーセノープは、愛《あい》する妹《いもうと》がだんだんはなれていき、自分《じぶん》がとりのこされるのが、
くやしく、さびしかったのです。

心配《しんぱい》した両親《りょうしん》は、フローレンスに、

「これから6か月《げつ》のあいだ、つきっきりでパーセノープの相手《あいて》をしてやりなさい。」

と命令《めいれい》しました。

そこでフローレンスは、ねえさんといっしょにスケッチをしたり、歌《うた》を歌《うた》い、庭《にわ》を散歩《さんぽ》したりしながら、詩《し》や芸術《げいじゅつ》の話《はなし》をしました。

いまのフローレンスにとって、それはつらい毎日《まいにち》でした。

で、約束《やくそく》の6か月《げつ》がすぎると、ローマで知《し》りあい、そののちもずっと行《い》き来《き》していて、シドニー・ハーバート夫妻《ふさい》のところへ、さっさと出《で》かけていきました。る、シドニー・

ハーバート夫妻《ふさい》は、フローレンスの話《はなし》を熱心《ねっしん》に聞《き》くと、その生《い》き方《かた》に賛成《さんせい》し、しっかりやりなさいと、はげましてくれました。

エンブリーにもどってくると、フローレンスは、2度目《どめ》のカイゼルスベルト行《ゆ》きのしたくをととのえました。

また、家中《いえじゅう》が大《おお》さわぎになりました。お母《かあ》さんはぷんぷんおこり、パーセノープは泣《な》きわめきました。

が、フローレンスはきっぱりと言《い》いました。

「わたしは出発《しゅっぱつ》します。」

ひとり立《だ》ち

1851年《ねん》の春《はる》、フローレンスは、カイゼルスベルト学園《がくえん》の孤児院《こじいん》でねとまりしながら、そこの病院《びょういん》で3か月《げつ》はたらきました。

食事《しょくじ》は、朝《あさ》はライ麦《むぎ》のパンひとつ、昼《ひる》はパンに野菜《やさい》スープがつきますが、夜《よる》はスープだけです。そして、おやつにお茶《ちゃ》を飲《の》むだけという、そまつなものでした。そのうえ、よごれものを洗濯《せんたく》するひまもないほどのいそがしさでしたが、フローレンスはかえって、生《い》きがいを感《かん》じ、はりきって毎日《まいにち》をすごしました。

そのかいあって、フローレンスはすぐれた成績《せいせき》で、看護師《かんごし》の試験《しけん》にパスしました。

その喜《よろこ》びをつたえ、お母《かあ》さんとパーセノープと仲直《なかなお》りをしようと、フローレンスはふたりに手紙《てがみ》を送《おく》りました。

「愛《あい》するみなさま、わたしに時間《じかん》をあたえ、わたしを信《しん》じ、わたしを助《たす》けてくださ

い。わたしは、あなたがたを悲《かな》しませたくはありません。わたしに、あなたがたの祝《しゅく》福《ふく》をあたえてください。」

けれど、返事《へんじ》はありませんでした。

フローレンスは二度《にど》と、ふたりによびかけることはしませんでした。

10月《がつ》、ケルンの町《まち》で、フローレンスはお母《かあ》さんとねえさんに会《あ》いました。パーセノープが神経衰弱《しんけいすいじゃく》になり、それをなおすために、お母《かあ》さんにつきそわれて、ボヘミア（いまのチェコ）のカールスバート温泉《おんせん》に行《い》った帰《かえ》りに、落《お》ちあったのです。

しかし、3人《にん》はほとんど口《くち》をききませんでした。

お母《かあ》さんとパーセノープは、フローレンスをまるで罪《つみ》をおかした人間《にんげん》のように、つめたい目《め》で見《み》ました。

3人《にん》は、みじめな気持《きも》ちをいだいたまま、イギリスへの旅行《りょこう》をつづけました。

けれど、フローレンスの心《こころ》の中《なか》には、新《あたら》しい計画《けいかく》がはっきりとできあがっていました。

（今度《こんど》はロンドンの大《おお》きな病院《びょういん》で、もっとちゃんとした訓練《くんれん》を受《う》けよう。）

あくる年《とし》の3月《がつ》、ナイチンゲール一家《いっか》は、また春《はる》の社交《しゃこう》シーズンで、ロンドンに出《で》かけていきました。

このとき、フローレンスが家族《かぞく》の者《もの》から受《う》けたしうちは、息《いき》がつまるほど、つらいものでした。外出《がいしゅつ》する先《さき》は決《き》められ、手紙《てがみ》は出《だ》すまえに読《よ》まれるというふうに、いつでも、どこでも、だれかの目《め》が光《ひか》っていました。

お父《とう》さんのウィリアムは、不安《ふあん》になってきました。妻《つま》と娘《むすめ》が、フローレンスをまるで女学生《じょがくせい》あつかいして、自由《じゆう》をしばりつけていることが、ようやくわかってきたからです。

お父《とう》さんはひそかに、フローレンスの味方《みかた》になりました。

けれど、フローレンスは、もう昔《むかし》のフローレンスではありません。おおっぴらに自《じ》分《ぶん》の計画《けいかく》を進《すす》めていきました。

ちょうどロンドンに、まずしくて病気《びょうき》になった女《おんな》の人《ひと》を看護《かんご》するための病院《びょういん》を改造《かいぞう》する仕事《しごと》が、リズ・ハーバートの口《くち》きで、フローレンスにあたえられました。給料《きゅうりょう》はありませんが、そのかわり、病院《びょういん》のことはすべてをまかせる、というたいへんな仕事《しごと》です。

1853年《ねん》8月《がつ》、フローレンスは、メイおばさんといっしょにロンドンに行《い》き、ハーレー街《がい》1番地《ばんち》にうつりすみました。

とうとうひとり立《だ》ちして、自分《じぶん》の信《しん》じる道《みち》を、自分《じぶん》の足《あし》で歩《ある》きはじめるときが来《き》たのです。

2 ランプを持《も》ったレディー

クリミア戦争《せんそう》

病院《びょういん》の各階《かくかい》にパイプを通《とお》して熱《あつ》い湯《ゆ》を送《おく》るようにすること。

患者《かんじゃ》の食事《しょくじ》を運《はこ》ぶために、巻《ま》き上《あ》げ機《き》によるエレベーターをつくること。

患者《かんじゃ》と看護師《かんごし》ひかえ室《しつ》をつなぐベルをとりつけること。

フローレンスは、つぎつぎに新《あたら》しい計画《けいかく》を立《た》て、それを実行《じっこう》していきました。

それだけでなく、患者《かんじゃ》のために、きれいなベッドと、栄養《えいよう》のある食事《しょくじ》をあたえる努《ど》力《りょく》をしました。

ほうぼうの病院《びょういん》を見学《けんがく》したり、資料《しりょう》を集《あつ》めたり、自分《じぶん》でも実際《じっさい》に看護《かんご》に当《あ》たったりしました。

こうしたフローレンスの働《はたら》きに、それまでなまけていた病院《びょういん》の理事《りじ》たちは、悲鳴《ひめい》をあげました。

「今度来《こんどき》たフローレンス・ナイチンゲールというのは、いったいどういう女性《じょせい》だね。」

「背《せ》が高《たか》く、すらっとした体《からだ》つきで、ふさふさとしたくり色《いろ》の髪《かみ》、ほのかな顔色《かおいろ》、灰《はい》色《いろ》の目《め》は、ふだんはふし目《め》がちで、悲《かな》しそうに見《み》えますが、はたらいているときは、とても楽《たの》しそうにかがやいています。」

「ものまねがすばらしくじょうずだそうですよ。」

「しかし、こういろいろ注文《ちゅうもん》を出《だ》されては、病院《びょういん》の会計《かいけい》がたまらんだろう。すこしおさえたらどうかね。」

「それが、とてもがんこで、いったん言《い》いだしたら、ぜったいにあとに引《ひ》かないんです。あの人《ひと》の心臓《しんぞう》は鉄《てつ》でできているらしいですな。それに、会計《かいけい》もきちんとして、ひとつもあやまりがありません。」

なかでもフローレンスが力《ちから》を注《そそ》いだのは、それまで病院《びょういん》では、患者《かんじゃ》の人種《じんしゅ》や宗教《しゅうきょう》によって、入院《にゅういん》をことわっていたのを、病人《びょうにん》ならばだれでも受《う》けいれるようにしたことでした。

このようなうわさがつたわってくるにつけ、お母《かあ》さんのファニーは、なみだをこぼしながら、言《い》いました。

「わたしは、野生《やせい》の白鳥《はくちょう》の卵《たまご》をかえした、あひるなのです。」

しかし、有名《ゆうめい》なストレイチーという伝記作家《でんきさっか》は、こう言《い》っています。

「母親《ははおや》がかえしたのは、白鳥《はくちょう》ではなく、わしだったのだ。」

フローレンスが、ハーレー街《がい》の病院《びょういん》で、いそがしくはたらいているとき、イギリスの国《くに》と国民《こくみん》には、大《おお》きな運命《うんめい》が近《ちか》づいていました。

1853年《ねん》、クリミア戦争《せんそう》［1］が起《お》こったのです。

この戦争《せんそう》ははじめ、ロシアの皇帝《こうてい》ニコライ1世《せい》が、トルコの国《くに》の力《ちから》が弱《よわ》くなったのにつけこんで、戦《たたか》いをしかけたのです。

ですから、はじめの戦場《せんじょう》はクリミアではなく、そのころ、トルコが支配《しはい》していた、いまのルーマニアでした。ここでトルコ軍《ぐん》は、ロシア軍《ぐん》に囲《かこ》まれていました。

また、黒海《こっかい》のシノプ湾《わん》では、ロシアの艦隊《かんたい》のために、トルコのひとつの艦隊《かんたい》が全滅《ぜんめつ》しました。

そこで1854年《ねん》3月《がつ》、フランスとイギリスは、トルコを助《たす》けるため、ロシアに対《たい》して戦争《せんそう》をすることをつげました。

もし、トルコが負《ま》けると、ロシアの勢《いきお》いはぐっと強《つよ》くなるので、それをおそれたからです。

イギリス・フランスの連合軍《れんごうぐん》は、まず黒海《こっかい》にそったブルガリアの港《みなと》、バルナに上陸《じょうりく》しました。つづいて、黒海《こっかい》につきでたクリミア半島《はんとう》のセバストポリに進《すす》みました。

ここにロシアがつくっていた、大《おお》きな海軍《かいぐん》の基地《きち》をつぶすためでした。

ロシア軍《ぐん》7万人《まんにん》、連合軍《れんごうぐん》20万人《まんにん》が、セバストポリをめぐって、はげしくたたかいました。

連合軍《れんごうぐん》には、のちにオーストリアとイタリアもくわわりました。そして、じつに11か月《げつ》にわたる戦《たたか》いのすえ、1855年《ねん》9月《がつ》、ついにセバストポリをせめおとし、ロシアは降参《こうさん》しました。

この戦争《せんそう》では、セバストポリだけでなく、あちこちではげしい戦《たたか》いがありましたから、ロシア軍《ぐん》でも、連合軍《れんごうぐん》でも、たくさんの戦死者《せんししゃ》や傷病兵《しょうびょうへい》を出《だ》しました。とくに、イギリス軍《ぐん》は大《おお》きな痛手《いたで》を受《う》けました。

そのうえ、軍隊《ぐんたい》のなかに、おそろしい伝《でん》染病《せんびょう》のコレラがはやって、おおぜいの兵士《へいし》がぎせいになりました。

その勢《いきお》いはすさまじく、フランス軍《ぐん》の総《そう》指《し》揮《き》官《かん》、セントアルノー元帥《げんすい》も、コレラで命《いのち》を落《お》としました。

戦《せん》場《じょう》への道《みち》

「おい、新聞《しんぶん》を読《よ》んだか。戦場《せんじょう》では、傷《きず》を負《お》った兵隊《へいたい》さんが、手当《てあ》てもしてもらえず、ほったらかしにされて、ばたばたと死《し》んでいるそうじゃないか。」

「それに、薬《くすり》も、包帯《ほうたい》もなくて、傷《きず》ついた兵隊《へいたい》さんたちは、なやのわらの上《うえ》や、地面《じめん》にねかされているとのことだよ。手術《しゅじゅつ》をするにも、麻酔《ますい》はない。ろうそくもランプもないので、軍医《ぐんい》は月《つき》の光《ひかり》をたよりに、手術《しゅじゅつ》をしているそうだ。」

「兵隊《へいたい》さんたちは、あんまり苦《くる》しくて、いっそ死《し》んだほうがましだ、と泣《な》きわめいているそうですわ。」

「まあ、なんていうむごたらしいことでしょう。おかわいそうに。」

『ロンドン・タイムズ』の記者《きしゃ》、ウィリアム・ハワード・ラッセルから、つぎつぎに送《おく》られてくるニュースに、イギリスの国民《こくみん》はおどろきました。

このような戦場《せんじょう》のみじめなありさまは、軍隊《ぐんたい》では、ごくあたりまえのことでした。けれども、それはほとんど、国民《こくみん》には知《し》らされていませんでした。

ラッセル記者《きしゃ》がはじめて、正義《せいぎ》と勇気《ゆうき》をもって、それを報道《ほうどう》したのです。

まえに首相《しゅしょう》をつとめたことのある、ロバート・ピールという人《ひと》が、さっそく、傷病《しょうびょう》兵《へい》のための「タイムズ基金《ききん》」をもうけ、募集《ぼしゅう》を始《はじ》めました。

ちょうどその日《ひ》に、ラッセル記者《きしゃ》の新《あたら》しい通信《つうしん》が、タイムズ紙《し》にのりました。


［1］1853〜1856年《ねん》。フランスが得《え》た聖地《せいち》エルサレムのベツレヘム教会《きょうかい》の管理権《かんりけん》と、トルコ領内《りょうない》のギリシャ正教徒《せいきょうと》の保護権《ほごけん》をめぐり、ロシアがしかけた戦争《せんそう》。広《ひろ》い範囲《はんい》でたたかわれたが、おもな戦場《せんじょう》がクリミア半島《はんとう》と黒海《こっかい》だったためクリミア戦争《せんそう》とよばれる。

「このような傷病兵《しょうびょうへい》のとりあつかいは、あまりにもやばんというよりほかはない。その点《てん》、フランスのほうが、われわれよりすぐれている。フランス軍《ぐん》では、医者《いしゃ》の数《かず》も多《おお》く、そのうえ、慈善会《じぜんかい》のシスター（修道女《しゅうどうじょ》）たちがはたらいている。この人《ひと》たちは、すぐれた看護師《かんごし》である。」

そして、次《つぎ》のように国民《こくみん》によびかけていました。

「われわれにはなぜ、慈善会《じぜんかい》のシスターがいないのか。」

この記事《きじ》を読《よ》んだ軍当局《ぐんとうきょく》は、『タイムズ』がよけいな口出《くちだ》しをしたと、かんかんにおこりました。

けれど、ときの陸軍大臣《りくぐんだいじん》は、すべての記事《きじ》を熱心《ねっしん》に読《よ》みました。その人《ひと》は、あのシドニー・ハーバートで、1852年《ねん》2月《がつ》に、陸軍大臣《りくぐんだいじん》になっていたのです。ハーバートの頭《あたま》には、すぐにカイゼルスベルト学園《がくえん》や、ハーレー街《がい》の病院《びょういん》での、ミス・ナイチンゲールの働《はたら》きぶりがうかびました。

（そうだ、あの人《ひと》よりほかに、この計画《けいかく》にふさわしい者《もの》はいない。）

ハーバートは、フローレンスに手紙《てがみ》を書《か》きました。

「看護師《かんごし》の一隊《いったい》をひきいて、あなたにぜひともスクタリ（現在《げんざい》のユスキュダル）へ行《い》っていただきたいのです。」

偶然《ぐうぜん》なことに、フローレンスも自分《じぶん》だけの考《かんが》えから、看護師《かんごし》の一隊《いったい》をつれて、船《ふね》でコンスタンチノープル（現在《げんざい》のイスタンブール）へ出発《しゅっぱつ》する準備《じゅんび》をととのえていました。

そのため、ハーバートの奥《おく》さんのリズに、手紙《てがみ》を書《か》きおくっていました。

「ハーレー街《がい》でのわたしの任務《にんむ》をとくように、とりはからってください。でも、わたしの計画《けいかく》に、大臣《だいじん》は賛成《さんせい》してくださるでしょうか。」

フローレンスは、毎日《まいにち》、新聞《しんぶん》やうわさでつたわってくる、戦場《せんじょう》の傷病兵《しょうびょうへい》たちのみじめなようすに、いてもたってもいられなかったのです。

ふたりの手紙《てがみ》は、行《い》きちがいになりましたが、同《おな》じころに、それぞれ、相手《あいて》の手《て》に入《はい》りました。ローマでめぐりあってからずっと、心《こころ》の通《つう》じあっていたふたりの喜《よろこ》びは、どんなだったでしょう。

10月《がつ》18日《にち》、ミス・ナイチンゲールは、政府《せいふ》からの正式《せいしき》な任命書《にんめいしょ》を受《う》けました。

「トルコのイギリス陸軍病院看護師監督官《りくぐんびょういんかんごしかんとくかん》に任《にん》ずる。」

このことは、イギリス中《じゅう》の大評判《だいひょうばん》になりました。これまでに女の人《おんなのひと》で、このような晴《は》れやかな地位《ちい》についた者《もの》は、だれもいなかったからです。

お母《かあ》さんは、あれほどフローレンスを、さんざん苦《くる》しめたこともわすれて、有頂天《うちょうてん》になりました。さっそくロンドンにやってきて、

「まあ、フロー、たいへんなお役目《やくめ》ね。あなたがその任務《にんむ》にふさわしい経験《けいけん》を、じゅうぶんに積《つ》んでいることはわかってるけれど……。そんなあぶないところに行《い》って、だいじょうぶかしら？」

と、心配《しんぱい》しながらも、娘《むすめ》をだきしめました。

パーセノープも大喜《おおよろこ》びで、友《とも》だちに、こんな手紙《てがみ》を書《か》きました。

「いろいろなことが全部《ぜんぶ》よりあつまって、この仕事《しごと》にいちばん向《む》いている人《ひと》は、妹《いもうと》

だということになったのですが、そうなった筋道《すじみち》は、まったく不思議《ふしぎ》です。どうしても妹《いもうと》は、はじめから、そのつもりで、いろいろなことをしていたのだとしか考《かんが》えられません。

これまで妹《いもうと》のやってきたことが、一度《いちど》に、みんな役《やく》に立《た》つのです。なにひとつ、むだがないのですから、おどろくばかりです。長《なが》いあいだかかって勉強《べんきょう》したこと、ドイツの町《まち》の病院《びょういん》に行《い》ったこと、慈善病院《じぜんびょういん》ではたらいたこと、長《なが》い旅行《りょこう》や、たくさんの人《ひと》とのおつきあいなど、みんな、不思議《ふしぎ》なほど、今度《こんど》のことに、役立《やくだ》つことになったのです。」

ところが、ふたりは興奮《こうふん》のあまり、フローレンスがかわいがっていた、ふくろうのアテネを屋根裏部屋《やねうらべや》にとじこめたまま、わすれてきてしまいました。

あとで出発《しゅっぱつ》まえに、アテネのなきがらを手《て》わたされたフローレンスは、わっと泣《な》きだしました。そして言《い》いました。

「かわいそうなアテネ、ほんとうにわたしは、おかしいくらいおまえがかわいかったのに。」

なにから始《はじ》めるか

それからのフローレンスは、ねむるひまもないほどのいそがしさでした。

出発《しゅっぱつ》は10月《がつ》21日《にち》と決《き》まりました。ですから、たった4日《よっか》のあいだに、看護師《かんごし》をやとい、制服《せいふく》をつくり、船室《せんしつ》の手配《てはい》をしなければなりませんでした。

看護師《かんごし》は、38人《にん》が集《あつ》まりました。そのうちの24人《にん》が、いろいろの修道会《しゅうどうかい》にいるシスターたちで、あとの14人《にん》は、病院《びょういん》に四、五日《にち》つとめた者《もの》とか、宗教団体《しゅうきょうだんたい》の会員《かいいん》とか、雑役《ざつえき》をしていた者《もの》とかでした。

看護師《かんごし》たちは、ミス・ナイチンゲールの命令《めいれい》には、ぜったいにしたがうことを誓《ちか》わせられました。

シスターたちは、それぞれの修道衣《しゅうどうい》を着《き》ることをゆるされましたが、ほかはみな制《せい》服《ふく》を着《つ》けました。制服《せいふく》は灰色《はいいろ》のツイードのドレス、灰色《はいいろ》の毛織《けお》りの上着《うわぎ》、かざりけのない白《しろ》いぼうし、短《みじか》いラシャの外《がい》とうでした。

予定《よてい》どおり、10月《がつ》21日《にち》の朝《あさ》、ロンドンを出発《しゅっぱつ》した一行《いっこう》は、フランスのマルセイユへ向《む》かいました。

27日《にち》、マルセイユを船出《ふなで》した船《ふね》の甲板《かんぱん》に立《た》った、フローレンスの手帳《てちょう》には、1通《いっつう》の手紙《てがみ》がはさまれていました。それは、あんなにもとめても、得《え》られなかった、お母《かあ》さんからの祝福《しゅくふく》の手紙《てがみ》でした。

「お母《かあ》さま、ありがとう。」

フローレンスは、そっとつぶやきました。

船《ふね》は港《みなと》を出《で》ると、まもなく、大《おお》あらしにまきこまれました。船《ふね》に弱《よわ》いナイチンゲールは、船《ふな》よいのためにすっかり青《あお》ざめてしまいました。

（いまからこんなことで、どうするの。フロー、しっかりしなさい。）

フローレンスは自分《じぶん》をはげましました。

11月4日《がつよっか》に、船《ふね》は、コンスタンチノープルに着《つ》きました。

「せまい船室《せんしつ》であらしにもまれ、くたくただわ。ひと休《やす》みしたいわね。」

看護師《かんごし》のひとりが言《い》いましたが、それどころではありませんでした。

10日《とおか》まえに、バラクラバというところで、はげしい戦《たたか》いがあり、400人《にん》の負傷兵《ふしょうへい》が、まもなく、黒海《こっかい》をこえて送《おく》られてくることになっていたからでした。

翌日《よくじつ》、旅行《りょこう》かばんとかさを持《も》ったフローレンスたちは、ボートに乗《の》りうつり、あらしのボスポラス海峡《かいきょう》をつきすすみました。どしゃぶりの中《なか》を、コンスタンチノープルの対岸《たいがん》にある、スクタリにようやく着《つ》き、上陸《じょうりく》しました。

ここに連合軍《れんごうぐん》の陸軍病院《りくぐんびょういん》があるのです。

船着《ふなつ》き場《ば》には、水《みず》ぶくれした馬《うま》の死《し》がいがただよい、飢《う》えた犬《いぬ》の群《む》れがうろうろしていました。

看護師《かんごし》たちは、はじめて見《み》る戦場《せんじょう》のありさまに、ちぢみあがりました。みんなは泥《どろ》んこの坂道《さかみち》を、1列《れつ》になって、重《おも》い足取《あしど》りでもくもくとのぼっていきました。

スクタリの病院《びょういん》は、遠《とお》くから見《み》ると、四《よ》すみに塔《とう》のある、大《おお》きな宮殿《きゅうでん》のような兵舎《へいしゃ》でした。近《ちか》づいて見《み》ると、四角形《しかくけい》のだだっぴろい、おそまつな建物《たてもの》にすぎませんでした。

建物《たてもの》がそまつなだけでなく、なんの設備《せつび》もありませんでした。ベッドのある患者《かんじゃ》は、ほんのすこしで、おおかたは病室《びょうしつ》の床《ゆか》にねかされ、それでも足《た》りなくて、廊下《ろうか》にまで転《ころ》がされています。

その長《なが》い廊下《ろうか》も、床《ゆか》のタイルははがれ、かべからは水《みず》がしたたりおちています。どこもかしこもよごれほうだいで、いやなにおいがぷうんと鼻《はな》をつき、胸《むね》がむかむかしてきます。

料理場《りょうりば》のきたないことといったら、それ以上《いじょう》で、ごきぶりがうようよし、ねずみが走《はし》りまわっています。それに、皿《さら》もなければ、フォークもスプーンもありません。

洗濯場《せんたくば》に来《き》たナイチンゲールは、思《おも》わず顔《かお》をしかめました。

「まあ、ひどい。これでは病気《びょうき》をなおすどころか、よけいに悪《わる》くしているようなものではありませんか。」

そのとおりでした。伝染病患者《でんせんびょうかんじゃ》の肌《はだ》につけたものを、ほかの患者《かんじゃ》のものと、ひとまとめにしてあらっているのです。

「なんということでしょう。ベッドも足《た》りなければ、シーツも足《た》りない。毛布《もうふ》も血《ち》がついたままで、包帯《ほうたい》すら、ろくにないのでは、助《たす》かる人《ひと》も死《し》んでしまいますわ。すぐに、なにもかもきちんとしなければ。」

では、なにから始《はじ》めたらいいのでしょうか。

立《た》ちふさがる壁《かべ》

病室《びょうしつ》をひと回《まわ》りして、ナイチンゲールが強《つよ》く感《かん》じたことは、傷《きず》ついた兵士《へいし》たちが、ここに着《つ》くまでに、もうすでに、たいへんな苦《くる》しみにあっている、ということでした。

クリミア半島《はんとう》の戦場《せんじょう》で、傷《きず》ついたり、病気《びょうき》にかかったりした兵士《へいし》たちは、バラクラバの小《ちい》さな病院《びょういん》で、かんたんな一時《いちじ》しのぎの手当《てあ》てを受《う》けると、200人《にん》をひと組《くみ》に、黒海《こっかい》をこえて、スクタリに送《おく》られてきます。黒海《こっかい》をわたるのは、ふだんなら4日半《よっかはん》ですが、いまでは2週間《しゅうかん》も3週間《しゅうかん》もかかることがあるのです。冬《ふゆ》のまえぶれで波《なみ》があらく、船長《せんちょう》がこの海《うみ》にふなれで、船《ふね》がおんぼろだったからです。

その船《ふね》の中《なか》がまた、ひどいありさまでした。手術《しゅじゅつ》で手《て》や足《あし》をなくした者《もの》や、高《たか》い熱《ねつ》のために気《き》をうしなっている者《もの》、赤痢《せきり》やコレラで、明日《あす》の命《いのち》もわからない者《もの》などがつめこまれ、デッキの上《うえ》にまであふれていました。

それでいて、医者《いしゃ》は1そうの船《ふね》に、ひとりかふたりしかいないのです。そのうえ、薬《くすり》も、包帯《ほうたい》も足《た》りないし、食《た》べ物《もの》もおそまつきわまるものでした。

こうして、やっとスクタリに着《つ》いて、ほっとしても、今度《こんど》は船着《ふなつ》き場《ば》の設備《せつび》が悪《わる》いので、船《ふね》がなかなか近《ちか》よれません。天気《てんき》でも悪《わる》かったら、せっかく目《め》の前《まえ》に、スクタリの町《まち》をながめながら、2日《ふつか》も3日《みっか》も、海《うみ》の上《うえ》で待《ま》っているよりほかないのです。

やっとのことで上陸《じょうりく》しても、スクタリの町《まち》は、ずっと高《たか》いところにあるので、けわしい坂道《さかみち》を四、五百メートルも、よろめきながら、のぼっていかなければなりませんでした。

こんな苦労《くろう》を重《かさ》ねて、ようやくたどりついた病院《びょういん》がまた、まるで地獄《じごく》のようなありさまですから、兵士《へいし》たちは、ほんとうにかわいそうでした。

では、なにから始《はじ》めたらよいか。

ナイチンゲールは、着《つ》いたあくる日《ひ》から、患者《かんじゃ》のための特別食《とくべつしょく》をつくりはじめました。

こういうこともあろうかと、マルセイユで買《か》ってきた、くず粉《こ》、ぶどう酒《しゅ》、肉《にく》じる

などで、熱《あつ》いくず湯《ゆ》やスープをこしらえ、兵士《へいし》たちに配《くば》りました。

「ああ、生《い》きかえった心地《ここち》がする。ありがとう。ありがとう。」

兵士《へいし》たちは、なみだをこぼしてよろこびました。


ところで、外地《がいち》の病院《びょういん》で、はじめて看護師《かんごし》たちをむかえた、イギリスの軍隊《ぐんたい》のほうはどうだったでしょうか。

士官《しかん》たちは、愛想《あいそ》よく、ナイチンゲールたちをもてなしました。けれど、それはうわべだけで、心《こころ》の中《なか》では、

(看護師《かんごし》たちは、おれたちのことを、政府《せいふ》のおえら方《がた》につげ口《ぐち》する、スパイにちがいない。ミス・ナイチンゲールは、陸軍大臣《りくぐんだいじん》と知《し》り合《あ》いだというから、油断《ゆだん》はならないぞ。)

と思《おも》っていました。

また、士官《しかん》たちは、軍人《ぐんじん》としてはすぐれていましたが、みな上流家庭《じょうりゅうかてい》のおぼっちゃ

ん育《そだ》ちで、ひくい階層出身《かいそうしゅっしん》の兵士《へいし》たちを人間《にんげん》のくずのように見《み》くだしていました。

ですから、ナイチンゲールが、特別《とくべつ》のスープをこしらえたり、患者《かんじゃ》に着《き》せる病衣《びょうい》がほしいなどと言《い》うと、

「そんなぜいたくは、もってのほかですよ。あなたは、やつらをあまやかして、つけあがらせるつもりですか。」

とはねつけました。

医者《いしゃ》たちは、はじめからそっぽを向《む》いていました。

「なあに、相手《あいて》にしないでおけば、しぜんにいたたまれなくなって、にげだしていくさ。」

と、看護師《かんごし》に仕事《しごと》を指図《さしず》することもせず、ナイチンゲールたちが持《も》ってきた薬《くすり》も、使《つか》おうとはしませんでした。

そのために、看護師《かんごし》たちは、よごれたシーツをあらったり、兵士《へいし》たちのシャツをつくろったりするほか、仕事《しごと》がありませんでした。

「患者《かんじゃ》たちがあんなに苦《くる》しんでいるのに、看病《かんびょう》することができないなんて、どういうわけなの。わたしたちは、つくろいものをするために、スクタリに来《き》たのではないわ。ミス・ナイチンゲールは、なにを考《かんが》えているの？」

こうした非難《ひなん》の声《こえ》をよそに、ナイチンゲールは部屋《へや》にとじこもって、患者《かんじゃ》のためのまくらや、つり包帯《ほうたい》をつくっていました。

それが1週間近《しゅうかんちか》くつづきました。

ナイチンゲールは、待《ま》っていました。

（わたしたちの仕事《しごと》は、医者《いしゃ》や士官《しかん》たちと力《ちから》を合《あ》わせて、うまくやっていかなければ、とうていなしとげることはできない。いまはただ、待《ま》つことだわ。）

と心《こころ》に決《き》めていました。

待《ま》つこと――。ナイチンゲール自身《じしん》、ここにたどりつくまでには、どれほど多《おお》くの時間《じかん》を待《ま》ったでしょう。ナイチンゲールは、そのことをよく知《し》っていたのです。

血《ち》と泥《どろ》の中《なか》から

11月9日《がつここのか》、なんの知《し》らせもなく、おびただしい傷病兵《しょうびょうへい》が、どっとスクタリに運《はこ》ばれてきました。

「バラクラバのイギリス軍《ぐん》が、ロシアの大軍《たいぐん》にせめられて、さんざんな目《め》にあったそうだ。」

「イギリス軍《ぐん》は負《ま》けたのか。」

「いや、高地《こうち》の濃《こ》い霧《きり》がうずまくなかで、はげしい戦《たたか》いが行《おこな》われ、やっと追《お》いかえして、勝《か》つことは勝《か》ったけれど、いつまたやられるか、あぶないありさまだそうだ。」

「セバストポリはいつ落《お》ちるのか。」

けれど、そんなことを、あれこれ言《い》っているひまはありませんでした。

医者《いしゃ》たちは、送《おく》られてきたおおぜいの傷病兵《しょうびょうへい》を見《み》て、とうとう、悲鳴《ひめい》をあげました。

「ミス・ナイチンゲール、お願《ねが》いです、助《たす》けてください。」

そのとき、ナイチンゲールはもう、立《た》ちあがっていました。看護師《かんごし》たちを指図《さしず》して、ふくろにわらをつめさせ、ねどこをつくっていました。それもなくなると、傷病《しょうびょう》兵《へい》たちは長《なが》い廊下《ろうか》にならべた、板《いた》の上《うえ》にねかされました。

医者《いしゃ》も看護師《かんごし》たちも、死《し》にものぐるいではたらきました。

が、それでも患者《かんじゃ》のなかには、2週間《しゅうかん》も医者《いしゃ》にみてもらえずに、ねかされている者《もの》もありました。

手術台《しゅじゅつだい》も、それを囲《かこ》むついたてもありませんでした。

ナイチンゲールは、コンスタンチノープルからついたてを買《か》いました。それで、患《かん》者《じゃ》たちは目《め》の前《まえ》で、戦友《せんゆう》が手《て》や足《あし》を切《き》られるさまを見《み》ないですむようになりました。

1000人以上《にんいじょう》の患者《かんじゃ》が、げりをしていました。それなのに、便器《べんき》はたった20しかありませんでした。病室《びょうしつ》や廊下《ろうか》のすみに、大《おお》きな木《き》のおけをおいて、用《よう》をたさせました。

看護兵《かんごへい》が、これを空《あ》けるのをいやがって、放《ほう》っておくと、

「すぐに、これを空《あ》けなさい。」

と、ナイチンゲールはしかりつけました。

患者《かんじゃ》たちは、のみやしらみにまみれていました。そのために、熱病《ねつびょう》がつぎつぎにうつっていきました。

毎日《まいにち》、おおぜいの患者《かんじゃ》が死《し》んでいき、毎日《まいにち》、おおぜいの新《あたら》しい患者《かんじゃ》が送《おく》りこまれてきました。

おそろしい冬《ふゆ》がやってきましたが、食糧《しょくりょう》も、防寒服《ぼうかんふく》も、なにもかもなくて、11月《がつ》の終《お》わりごろには、病院《びょういん》はどうにもならないほど、混乱《こんらん》してしまいました。

ナイチンゲールのほんとうの仕事《しごと》が始《はじ》まったのは、このときからです。

「えっ、な、なんだって。床《ゆか》をあらうブラシが200本《ぽん》、ぞうきん用《よう》の布《ぬの》1000枚《まい》、くつ下《した》1000足《ぞく》、シャツ6000枚《まい》、ズボン500着《ちゃく》、ナイフ、フォーク、木《き》

のスプーン、ブリキのふろおけ、タオル、石《せっ》けん、手術台《しゅじゅつだい》、小《ちい》さなくし、しらみを殺《ころ》す薬《くすり》、はさみ、便器《べんき》、まくら、キャベツ、にんじん……。こりゃあ、まるで雑貨屋《ざっかや》じゃないか。」

ナイチンゲールから、これを買《か》ってくれと注文《ちゅうもん》された、病院《びょういん》の役人《やくにん》はたまげてしまいました。

「とてもむりですよ、ミス・ナイチンゲール、病院《びょういん》には、もう予算《よさん》がないので……。」

「お金《かね》なら、わたしが出《だ》します。」

「えっ、あなたが……。」

ナイチンゲールは、自分《じぶん》のお金《かね》と、ほうぼうから送《おく》られたお金《かね》を合《あ》わせて、3万《まん》ポンド以上《いじょう》持《も》っていました。

役人《やくにん》はコンスタンチノープルの市場《いちば》にすっとんでいって、それらの品《しな》をととのえてきました。

床《ゆか》はきれいにそうじされ、兵士《へいし》たちののびほうだいの髪《かみ》は、短《みじか》くかられました。

地下室《ちかしつ》の洗濯場《せんたくば》では、よごれたシーツや、兵士《へいし》の服《ふく》がきれいにあらわれました。

こうして、みじめな病院《びょういん》にも、ひとすじの光《ひかり》がさしこみはじめたのです。

もう士官《しかん》や医者《いしゃ》たちも、ナイチンゲールたちのかげ口《ぐち》を言《い》うことができなくなりました。

けれど、新《あたら》しい心配《しんぱい》は、部下《ぶか》の看護師《かんごし》たちの間《あいだ》から起《お》こりました。

看護師《かんごし》たちのなかには、あまりのきびしい労働《ろうどう》に、

「こんなところに来《こ》なければよかった。」

と、後悔《こうかい》する者《もの》が出《で》てきました。

また、シスターたちは、同《おな》じキリスト教《きょう》でも、宗派《しゅうは》がちがっているので、たがいにいがみあいました。

「こうした問題《もんだい》を、わたしは血《ち》の中《なか》につかりながら、解決《かいけつ》しなければならないのです。」

と、ナイチンゲールは書《か》いています。

12月《がつ》のはじめ、セバストポリから500人《にん》の傷病兵《しょうびょうへい》が送《おく》られてくる、という知《し》らせが入《はい》りました。

「どこもいっぱいで、これ以上《いじょう》つめこむことはできませんよ。」

と、役人《やくにん》が言《い》いました。

「では、あの焼《や》けのこった、建物《たてもの》を直《なお》して使《つか》いましょう。」

「でも、それには、かなりのお金《かね》が……。」

「わたしが出《だ》します。」

今度《こんど》もナイチンゲールは言《い》いました。

そして、すぐ200人《にん》の働《はたら》き手《て》をやとって、たちまち、ふたつの病室《びょうしつ》をつくりあげました。

お金《かね》はナイチンゲールのポケットからと、「タイムズ基金《ききん》」からしはらわれました。

やがて、500人《にん》どころか、800人《にん》の傷病兵《しょうびょうへい》が送《おく》られてきました。けれど、そこには、清潔《せいけつ》なベッドと、あたたかい食《た》べ物《もの》が待《ま》っていました。

兵士《へいし》のひとりが、なみだをうかべながら言《い》いました。

「わたしたちは、まるで天国《てんごく》にいるような気持《きも》ちです。」

女王《じょおう》からの手紙《てがみ》

イギリス軍《ぐん》は、セバストポリを目《め》の前《まえ》にして、依然《いぜん》として苦《くる》しい戦《たたか》いをつづけていました。

幾度《いくど》も突撃《とつげき》をこころみましたが、そのたびにはねかえされ、多《おお》くの勇敢《ゆうかん》な兵士《へいし》が死《し》んでいきました。

冬《ふゆ》だというのに、コレラはおとろえず、食糧《しょくりょう》は底《そこ》をついていました。

たしかに、たくさんの食糧《しょくりょう》を送《おく》った、という知《し》らせはあるのですが、それがぜんぜんとどかないのです。

なぜでしょうか。それは「軍《ぐん》の規則《きそく》」のためでした。

あるときは、何《なん》そうもの船《ふね》に積《つ》まれたキャベツが、荷物《にもつ》を受《う》けとる人《ひと》の名前《なまえ》が書《か》れていなかった、というだけの理由《りゆう》で、すてられて、くさってしまいました。

あるときは、9トンのライム・ジュースがとどきましたが、3か月《げつ》も配給《はいきゅう》されませんでした。理由《りゆう》は、毎日《まいにち》の食事《しょくじ》のメニューに、ライム・ジュースをくわえるという規《き》則《そく》がなかったからです。

規則《きそく》、規則《きそく》……。ナイチンゲールは、軍隊《ぐんたい》のがんこなしきたりとも、たたかわなければなりませんでした。

12月《がつ》14日《か》、思《おも》いがけず、ビクトリア女王《じょおう》からの手紙《てがみ》がとどきました。それには、ナイチンゲールの傷病兵《しょうびょうへい》に対《たい》する偉大《いだい》な勇気《ゆうき》と愛《あい》をたたえ、

「わたしにできることがあったら、遠慮《えんりょ》なく申《もう》しでてください。」

と書《か》かれてありました。

そこでナイチンゲールは、女王《じょおう》に手紙《てがみ》を書《か》きました。

「病気《びょうき》になった兵士《へいし》は、1日《にち》の給料《きゅうりょう》から9ペンスさしひかれます。前線《ぜんせん》でたたかって

傷《きず》ついた兵士《へいし》は、4・5ペンスしかさしひかれません。国《くに》のためにはたらいた者《もの》は、病兵《びょうへい》も負傷兵《ふしょうへい》も、かわりはないのですから、規則《きそく》をあらためて、同《おな》じにしてください。」

女王《じょおう》はすぐに、ナイチンゲールの言《い》うとおりにしました。

手紙《てがみ》といえば、ナイチンゲールは、いそがしい合間《あいま》をぬって、陸軍大臣《りくぐんだいじん》のシドニー・ハーバートに、たびたび長《なが》い手紙《てがみ》を送《おく》りました。

どの手紙《てがみ》にも、軍隊《ぐんたい》や病院《びょういん》のしくみなどについて、あらためなければならないことが、ぎっしりつめこまれていました。

ハーバートは、この手紙《てがみ》によって、それまでの悪《わる》いところを、どしどしあらためていきました。

あくる年《とし》になっても、セバストポリはまだ落《お》ちませんでした。

とうとう内閣《ないかく》がたおれ、新《あたら》しい首相《しゅしょう》に、ナイチンゲールの古《ふる》い友《とも》だち、パーマストン卿《きょう》がなりました。陸軍大臣《りくぐんだいじん》はハーバートからパンミュア卿《きょう》にかわりました。ナイチンゲールの希望《きぼう》や意見《いけん》は、今度《こんど》は首相《しゅしょう》によって、とりあげられました。パーマストンの命令《めいれい》でつくられた衛生委員会《えいせいいいんかい》が、スクタリの病院《びょういん》にやってきました。

「こりゃあ、ひどい。ミス・ナイチンゲールの言《い》うことは、おおげさだと思《おも》っていたのは、あやまりでした。すぐ指図《さしず》にしたがって、大《おお》そうじを始《はじ》めましょう。」

たちまち、きたない下水《げすい》はあらいながされ、水《みず》もれの壁《かべ》には、新《あたら》しい壁材《かべざい》がぬられました。便所《べんじょ》がつくりなおされ、ねずみやごきぶりの巣《す》は、とりはらわれました。ききめはてきめんでした。死《し》ぬ人《ひと》の数《かず》がぐんとさがりはじめたのです。

クリミア半島《はんとう》には、春《はる》がかけ足《あし》でやってきました。

セバストポリを目《め》の前《まえ》にしたイギリス軍《ぐん》の陣地《じんち》にも、クロッカスやヒヤシンスの花《はな》がさきはじめました。

けれど、このころには、ナイチンゲールの体《からだ》は、つかれきっていました。ほっそりしているうえに、もともと、あまりじょうぶなたちではありませんでした。

とくにこの冬《ふゆ》は、おおぜいの傷病兵《しょうびょうへい》をむかえ、24時間《じかん》も立《た》ちつづけで、はたらくこともたびたびあったからです。

「ミス・ナイチンゲールは、いつねむるのだろう。」

と言《い》われるほど、部屋《へや》にはいつも、おそくまで灯《あか》りがともっていました。

灯《あか》りをかかげて

長《なが》い、暗《くら》い廊下《ろうか》には、ところどころに、ぽつりぽつりと灯《あか》りがともっています。あたりはしいんとしずまりかえって、ときおり、患者《かんじゃ》のかすかなうめき声《ごえ》が、聞《き》こえるだけでした。

筒状《つつじょう》のランプの灯《あか》りをかかげて、ベッドからベッドへ、見《み》まわって歩《ある》く女《おんな》の人《ひと》がいました。ナイチンゲールです。

(熱《ねつ》を出《だ》している者《もの》はいないか、傷《きず》がいたむ者《もの》はいないか、ねむれない者《もの》はいないか……。)

ナイチンゲールは、患者《かんじゃ》のそばで身《み》をかがめるとき、かならずランプを下《した》におきました。

患者《かんじゃ》がまぶしがらないように、という思《おも》いやりからでした。

そして、二言《ふたこと》三言《みこと》患者《かんじゃ》に話《はな》しかけ、うなずきながらほほえみかけるのでした。

ナイチンゲールの夜回《よまわ》りが、いつごろから始《はじ》まったかはわかりませんが、傷病兵《しょうびょうへい》にとって、それは、どんなに大《おお》きななぐさめになったでしょう。

なかには、ナイチンゲールの通《とお》る影《かげ》に、そっとキスして、やっと安心《あんしん》したように、ねむる者《もの》もいました。

この夜回《よまわ》りは、『ロンドン・タイムズ』のラッセル記者《きしゃ》によって、

「ランプを持《も》ったレディー」

として、イギリス本国《ほんごく》に報道《ほうどう》されました。

のちにはアメリカの名高《なだか》い詩人《しじん》、ロングフェローという人《ひと》が、詩《し》にもうたいましたから、ナイチンゲールのことをあまり知《し》らない人《ひと》にも、この夜回《よまわ》りのことは、広《ひろ》く知《し》られています。

ところで、現在《げんざい》では、これを「ランプを持《も》った天使《てんし》」とも言《い》われています。

レディーは貴婦人《きふじん》という意味《いみ》で、はじめはどこにも、「天使《てんし》」という言葉《ことば》は、使《つか》われていません。

それがいつごろから「天使《てんし》」になったのでしょうか。

「天使《てんし》」という言葉《ことば》には、どこかあまったるい、センチメンタルなひびきがあります。

しかし、これまでのナイチンゲールの仕事《しごと》ぶりを見《み》てもわかるように、それは「天《てん》使《し》」というような、なまやさしいものではありません。

ナイチンゲールは、白鳥《はくちょう》ではなく、わしだったのです。

ナイチンゲールは言《い》っています。

「夜回《よまわ》りは、わたしの仕事《しごと》のうちでいちばん小《ちい》さなものにすぎません。」

ナイチンゲールが来《き》てから、スクタリの病院《びょういん》は、完全《かんぜん》ではないにしろ奇跡《きせき》のようによくなりました。

それを見《み》とどけると、ナイチンゲールは、前線《ぜんせん》のクリミアへ行《い》く決心《けっしん》をしました。

ところが、ここでも、文句《もんく》が出《で》ました。

「クリミアは、あなたの受《う》けもちの地区《ちく》ではありませんから、やめていただきたい。」

というのです。

けれど、ナイチンゲールは、そんなことにはおかまいなく、さっさと黒海《こっかい》をわたって、バラクラバの海岸《かいがん》におりたちました。

それは1855年《ねん》5月《がつ》5日《いつか》でした。

上陸《じょうりく》したとたんに、ナイチンゲールは大歓迎《だいかんげい》を受《う》けました。

おおぜいの兵士《へいし》がかけより、両手《りょうて》にとりすがるようにして、

「よく来《き》てくださいました。」

「また、お目《め》にかかれるなんて、夢《ゆめ》のようです。」

と、口々《くちぐち》に言《い》いました。

見《み》ると、スクタリの病院《びょういん》で手当《てあ》てを受《う》け、元気《げんき》になって、前線《ぜんせん》に帰《かえ》っていった兵士《へいし》たちでした。

「まあ、あなたがたでしたか。すっかりお元気《げんき》そうで……。」

ナイチンゲールは、うれしくて、ほおをばら色《いろ》にそめました。

長《なが》いあいだ、わかれていた子《こ》どもに会《あ》ったときのように、なつかしさがこみあげてきました。

そういう患者《かんじゃ》ばかりでなく、ナイチンゲールの活躍《かつやく》を聞《き》いていた兵士《へいし》たちも、かけよってきて、

「ミス・ナイチンゲール、ようこそ。」

と、くりかえしさけびました。

バラクラバにはふたつの病院《びょういん》がありました。回《まわ》ってみると、前線《ぜんせん》とはいえ、ひどいありさまでした。病院《びょういん》はよごれほうだい、看護師《かんごし》はだらしなく、傷病兵《しょうびょうへい》は血《ち》と泥《どろ》の中《なか》で、苦《くる》しんでいました。

（勇気《ゆうき》をふるいおこして、なにもかも、はじめからやりなおさなければ……。）

けれど、そのとき、ナイチンゲールの体《からだ》は、たえられないほど、弱《よわ》っていました。馬《うま》に乗《の》っていても、ときどき、めまいにおそわれて、とうとう、たおれてしまいました。

軍医《ぐんい》がよばれ、診察《しんさつ》の結果《けっか》、

「ミス・ナイチンゲールは、クリミア熱《ねつ》にかかった。」

と、発表《はっぴょう》されました。

クリミア熱《ねつ》というのは、熱《ねつ》はあまり高《たか》くなりませんが、うとうととしているあいだに、だんだん体《からだ》が弱《よわ》って、ついには死《し》ぬこともあるという、この地方《ちほう》のおそろしい病《びょう》気《き》です。

さあ、バラクラバ中《じゅう》が大《おお》さわぎとなりました。

ナイチンゲールは、担架《たんか》に乗《の》せられて、おかの上《うえ》にある病院《びょういん》に運《はこ》ばれました。そのときはもう、うわごとを言《い》うまでになっていました。

6か月《げつ》のあいだ、力《ちから》のかぎりはたらきとおして、つかれきったナイチンゲールの命《いのち》は、このまま消《き》えてしまうのでしょうか。

泣《な》きだしたメイおばさん

「ミス・ナイチンゲールがたおれた。」

この知《し》らせを聞《き》いたスクタリの兵士《へいし》たちは、おどろきと心配《しんぱい》のあまり、ベッドから起《お》きあがって、声《こえ》をあげて泣《な》きました。

イギリス本国《ほんごく》でも、人《ひと》の口《くち》から耳《みみ》へニュースがつたえられました。ナイチンゲールは2週間《しゅうかん》あまり、生《い》きるか死《し》ぬかのさかいを、さまよいつづけました。

けれども、神《かみ》さまの守《まも》りがあったのか、不思議《ふしぎ》にも命拾《いのちびろ》いをして、病気《びょうき》はしだいによいほうへ向《む》かっていきました。

「このさい、イギリスに帰《かえ》って、ゆっくり体《からだ》を休《やす》められてはいかがですか。」

軍医《ぐんい》たちは、しきりにすすめました。

しかし、ナイチンゲールは聞《き》きいれませんでした。

「ありがとうございます。でも、わたくしには、ここでしなければならない仕事《しごと》が、山《やま》のようにあるのです。」

「でも、いま、むりをなさると、とりかえしのつかないことになりますよ。せめてスクタリまでおもどりくださいませんか。」

何度《なんど》もすすめられては、さすがのナイチンゲールも、ことわることができませんでした。

スクタリでは、病気《びょうき》で本国《ほんごく》に帰《かえ》った牧師《ぼくし》の家《いえ》に落《お》ちついて、体《からだ》を休《やす》めることになりました。

そんなナイチンゲールをなぐさめるために、イギリスからシドニー・ハーバートが、テリア犬《けん》を1ぴき、送《おく》ってくれました。

兵士《へいし》たちは、アテネの代《か》わりにといって、ふくろうを持《も》ってきてくれました。

部屋《へや》の窓《まど》からは、ボスポラス海峡《かいきょう》の青《あお》い海《うみ》が見《み》え、そよ風《かぜ》が緑《みどり》の木々《きぎ》をゆすっていました。

ナイチンゲールにとっては、ほんとうにひさしぶりの、やすらかな二、三週間《しゅうかん》でした。

「あなたは熱病《ねつびょう》のおかげで、むりに仕事《しごと》を休《やす》ませられたため、命拾《いのちびろ》いをしたのですよ。どうかもっと自分《じぶん》を大事《だいじ》にしてください。」

と、軍医《ぐんい》たちは言《い》いました。

しかし、ナイチンゲールは、そうする気《き》はありませんでした。

(もう一度《いちど》、クリミアへわたってはたらかなければ。)

と心《こころ》に決《き》めていました。

でも、いまの体《からだ》では、それはむりでした。

代《か》わりにナイチンゲールは、スクタリの病院《びょういん》にもどりました。が、そこでは、ナイチンゲールと衛生委員会《えいせいいいんかい》がきずきあげたものは、くずれかけていました。

まもなく、たいへんな事件《じけん》が起《お》こりました。

イギリス本国《ほんごく》から兵士《へいし》たちに送《おく》られてくる、さまざまな品《しな》——お金《かね》や、食糧《しょくりょう》や、衣類《いるい》などを公平《こうへい》に分《わ》ける仕事《しごと》をしている、ソールズベリという女《おんな》が、それらのものをぬすんでいることがわかったのです。

ナイチンゲールは、司令官《しれいかん》のストークス将軍《しょうぐん》をよびました。

ソールズベリは、ふたりの前《まえ》で、床《ゆか》に頭《あたま》をすりつけ、あわれっぽい声《こえ》で、泣《な》きながら言《い》いました。

「どうかわたしを、うったえないでください。本国《ほんごく》に送《おく》りかえすだけにしてくださ い。」

ナイチンゲールも、将軍《しょうぐん》も、聞《き》きぐるしいうわさを広《ひろ》めたくなかったので、承知《しょうち》しました。

けれど、それは大《おお》きなあやまりでした。

イギリスに帰《かえ》ったソールズベリは、

「わたしは、ミス・ナイチンゲールから、とてもひどいあつかいを受《う》けた。」と言《い》いふらしたのです。

「ミス・ナイチンゲールが、おくりものを分《わ》けることをこばんだので、わたしは、それを気《き》のどくな兵隊《へいたい》さんにやろうと思《おも》って、ぬきとっただけなのです。ミス・ナイチンゲールの言《い》うことがほんとうなら、なぜあのとき、警察《けいさつ》をよばなかったのでしょう。」

陸軍省《りくぐんしょう》が、これを本気《ほんき》にして、ナイチンゲールとストークス将軍《しょうぐん》あてに、手紙《てがみ》で、わけをたずねてきました。

このことがロンドンに知《し》れわたると、ナイチンゲール家《け》の人《ひと》びとは、心配《しんぱい》しました。

「これというのも、フローのそばに、だれか身内《みうち》の者《もの》がついていないからですよ。」

こうしたなりゆきで、9月《がつ》16日《にち》、メイおばさんがはるばるスクタリにやってきました。

ところが、メイおばさんは、フローレンスをひと目見《めみ》るなり、わっと、泣《な》きだしてしまいました。

「まあ、フローレンス、いったいどうしたの。そんなに細《ほそ》く、やつれてしまって。」

おばさんの言《い》うとおり、フローレンスは、クリミア熱《ねつ》にかかってからというもの、どうもまえほど元気《げんき》になれないでいて、仕事《しごと》をするのが、とてもつらかったのです。

このとき、強固《きょうこ》だったセバストポリも、1855年《ねん》9月10日《がつとおか》、陥落《かんらく》していました。

これで、戦争《せんそう》の勝《か》ち負《ま》けは決《き》まったのですが、講和条約《こうわじょうやく》はまだむすばれていませんから、あちこちで、小《ちい》さな戦《たたか》いがつづいていました。戦《たたか》いがつづいているかぎり、負傷兵《ふしょうへい》は出《で》ますし、病院《びょういん》にはたくさんの患者《かんじゃ》もいるので、ナイチンゲールの仕事《しごと》は、まだまだ、終《お》わりにはなりませんでした。

人気《にんき》も宝石《ほうせき》もいらない

クリミア半島《はんとう》には、2度目《どめ》の冬《ふゆ》が近《ちか》づいていました。ナイチンゲールは、クリミア熱《ねつ》にかかったため、はたせなかった仕事《しごと》をなしとげようと、ふたたびバラクラバにわたりました。

そこで待《ま》っていたものは、院長《いんちょう》や、看護師《かんごし》たちをひきいる修道院長《しゅうどういんちょう》のつめたい目《め》でした。自分《じぶん》たちが仕事《しごと》をなまけているのをかくそうと、いちいちナイチンゲールの意《い》見《けん》に反対《はんたい》するのです。

けれど、兵士《へいし》たちはちがっていました。

「ミス・ナイチンゲール、お体《からだ》はもういいのですか。戦争《せんそう》はもうすぐ終《お》わりますよ。おかげさまで、元気《げんき》でふるさとへ帰《かえ》れそうです。」

「ミス・ナイチンゲール、どうかお体《からだ》を大切《たいせつ》にしてください。あなたは、わたしたちの希望《きぼう》なのですから。」

と、口々《くちぐち》に言《い》ってくれました。

ナイチンゲールも、きっぱり答《こた》えました。

「わたしが愛《あい》しているのは、あなたがただけです。おえら方《がた》とは、いろいろいやなことがありますが、わたしは、あなたがたのためにはたらきます。」

そうです。兵士《へいし》たちはまずしい家《いえ》に生《う》まれ、戦場《せんじょう》ではまっ先《さき》に砲弾《ほうだん》をあびなければなりません。

それにくらべて、将軍《しょうぐん》とか、政府《せいふ》のえらい役人《やくにん》は、上流《じょうりゅう》家庭《かてい》に生《う》まれ、家柄《いえがら》や軍隊《ぐんたい》の力《ちから》をかさにきて、出世《しゅっせ》することしか考《かんが》えていません。

同《おな》じ上流家庭《じょうりゅうかてい》に生《う》まれたナイチンゲールが、兵士《へいし》だけを愛《あい》する、と言《い》いきったのは、小《ちい》さいころからはぐくんできた豊《ゆた》かな心《こころ》の表《あらわ》れでしょう。

ところが、神《かみ》さまはまだ、苦《くる》しみが足《た》りないと思《おも》われたのでしょうか。ナイチンゲールはバラクラバで、また病気《びょうき》になりました。けれど、1週間後《しゅうかんご》には、もう起《お》きあがって、仕事《しごと》を始《はじ》めました。

11月《がつ》、ナイチンゲールは、あわただしくスクタリによびもどされました。またコレラがはやって、ナイチンゲールの助《たす》けをもとめてきたからです。

そのころ、イギリス本国《ほんごく》では、ナイチンゲールの人気《にんき》は、しだいに高《たか》まり、広《ひろ》がっていきました。

戦場《せんじょう》から帰《かえ》ってきた兵士《へいし》たちの口《くち》から、家《いえ》で、ビアホールで、「ランプを持《も》ったレディー」の話《はなし》が、つぎつぎにつたわりました。

『ミス・ナイチンゲールの伝記《でんき》』が、とぶように売《う》れ、肖像画《しょうぞうが》が皿《さら》にえがかれ、メダルにはめこまれました。船《ふね》や競走馬《きょうそうば》にも、フローレンスとか、ナイチンゲールとかの名前《なまえ》がつけられました。

「わたしの肖像《しょうぞう》や、名前《なまえ》をばらまくことは、おことわりします。」

と、ナイチンゲールは、きびしく反対《はんたい》しましたが、ききめはありませんでした。

ケンブリッジ公《こう》、アーガイル公《こう》、シドニー・ハーバートたちは、各地《かくち》で大会《たいかい》を開《ひら》き、集《あつ》まったたくさんのお金《かね》で、「ナイチンゲール基金《ききん》」をもうけました。ナイチンゲールが、看護師《かんごし》を養成《ようせい》する施設《しせつ》をつくるのを助《たす》けるためでした。

ビクトリア女王《じょおう》は、ナイチンゲールをほめたたえるため、白地《しろじ》に赤《あか》の七宝《しっぽう》で、ダイヤモンドのかんむりをいただいた十字《じゅうじ》をえがきだした、ブローチをおくりました。

それには、次《つぎ》のような言葉《ことば》がきざまれていました。

「ミス・ナイチンゲールへ。女王《じょおう》の勇敢《ゆうかん》なる兵士《へいし》へ、自分《じぶん》の身《み》をかえりみずにささげつくしたことへの、敬意《けいい》と感謝《かんしゃ》の印《しるし》として、ビクトリア女王《じょおう》より、1855年《ねん》。」

ナイチンゲールは満足《まんぞく》したでしょうか。いいえ、満足《まんぞく》しませんでした。

ナイチンゲールにとって、どんなほめ言葉《ことば》も、人気《にんき》も、宝石《ほうせき》も、心《こころ》を動《うご》かすものではありませんでした。

「ナイチンゲール基金《ききん》」の委員会《いいんかい》にも、手紙《てがみ》を送《おく》って、こう言《い》っています。

「看護師《かんごし》を養成《ようせい》する仕事《しごと》にとりかかるのは、いつだかまったくわかりません。なぜなら、いまのわたしには、ほかにやらなければならないことが、いっぱいあるからです。」

ほかにやらなければならないこと——それは、新《あたら》しい大《おお》きな仕事《しごと》でした。

ナイチンゲールには、これまでの経験《けいけん》から、

(兵士《へいし》たちは病気《びょうき》のときに世話《せわ》するだけでなく、元気《げんき》なときにも世話《せわ》をしなければならない。)

ということが、はっきりとわかったからです。

5万人《まんにん》の子《こ》どもの母《はは》

「な、なんですって。読書室《どくしょしつ》を開《ひら》きたいですと?」

「はい、病院《びょういん》のひと部屋《へや》に、本《ほん》やチェスなどをおいて、兵士《へいし》たちに楽《たの》しみをあたえれば、酒《さけ》を飲《の》まなくなるでしょう。」

「と、とんでもない。本《ほん》など読《よ》んだりすると、やつらはいい気《き》になって、ろくなことを考《かんが》えませんよ。」

「いいえ、そんなことはありませんわ。まあ、見《み》ていてください。」

ナイチンゲールは、軍司令官《ぐんしれいかん》の強《つよ》い反対《はんたい》をおしきって、病院《びょういん》の中《なか》に、小《ちい》さな読書室《どくしょしつ》をもうけました。

結果《けっか》はとてもよく、兵士《へいし》たちは毎日《まいにち》、読書室《どくしょしつ》におしかけてきて、本《ほん》を読《よ》んだり、チェスをたたかわせたりして、なごやかなひとときをすごしました。

ナイチンゲールは、もうひとおししました。

「兵士《へいし》のなかには、読《よ》み書《か》きのできない者《もの》が、まだおおぜいいます。で、学校《がっこう》を開《ひら》きたいと思《おも》いますので、先生《せんせい》をやとっていただけませんか。」

「なんですって。軍隊《ぐんたい》が学校《がっこう》の先生《せんせい》をやとうなんて、いままで聞《き》いたことも、見《み》たこともない。だんぜん、おことわりします。」

軍司令官《ぐんしれいかん》は、顔《かお》をまっ赤《か》にしました。

ナイチンゲールは、やむなく引《ひ》きさがりましたが、あきらめたわけではありませんでした。

まもなく、ストークス将軍《しょうぐん》が新《あたら》しい軍司令官《ぐんしれいかん》にかわると、ようすはがらりとかわりました。

「ミス・ナイチンゲール、それはよいところに気《き》づいてくださった。さっそく実行《じっこう》してください。」

と、大喜《おおよろこ》びで、賛成《さんせい》してくれました。

さて、学校《がっこう》が開《ひら》かれると、これが大評判《だいひょうばん》でした。教室《きょうしつ》はいつも満員《まんいん》で、入《はい》りきれない兵士《へいし》は、入《い》り口《ぐち》のドアを外《はず》して、講義《こうぎ》を聞《き》くというありさまでした。

それで、学校《がっこう》はつぎつぎにふえて、4つにもなりました。音楽《おんがく》のクラス、劇《げき》のクラスもつくられ、小《ちい》さいながら、中庭《なかにわ》に劇場《げきじょう》もできました。健康《けんこう》な者《もの》は、ラグビーやサッカーであせを流《なが》し、患者《かんじゃ》の間《あいだ》では、チェスやトランプ遊《あそ》びがはやりました。

スクタリの病院《びょういん》は、明《あか》るいわらい声《ごえ》につつまれました。「イギリス兵士《へいし》は、飲《の》んだくれの、手《て》に負《お》えない乱暴者《らんぼうもの》」という、これまでの悪《わる》い評判《ひょうばん》は、消《き》えていきました。

こうしたあいだにも、ナイチンゲールのテーブルの上《うえ》には、たくさんの書類《しょるい》がうずたかく積《つ》まれていきました。陸軍省《りくぐんしょう》への報告《ほうこく》、意見書《いけんしょ》、請求書《せいきゅうしょ》、手紙《てがみ》、看護師《かんごし》たちへの命令書《めいれいしょ》など、いくらかたづけても、たちまちたまってしまうのです。

そのため、幾晩《いくばん》も幾晩《いくばん》も、ねむらないで、ペンを走《はし》らせなければなりませんでした。

体重《たいじゅう》が急《きゅう》にへってきました。たえずせきが出《で》ました。

「フローレンス、そんなにむりをしては、ほんとうにたおれてしまいますよ。もっと自分《じぶん》を大切《たいせつ》にしなけりゃいけませんよ。」

メイおばさんが心配《しんぱい》して、幾度《いくど》も注意《ちゅうい》しましたが、ナイチンゲールは、

「わたしは5万人《まんにん》の子《こ》どもの母親《ははおや》です。最後《さいご》まで、母親《ははおや》としての仕事《しごと》をつづけます。」

と言《い》って、聞《き》きいれませんでした。

子《こ》どもというのは、兵士《へいし》たちのことです。ナイチンゲールは兵士《へいし》たちを、母親《ははおや》のように温《あたた》かく、きびしい目《め》で見守《みまも》っていたのです。

1856年《ねん》3月《がつ》30日《にち》、とうとう講和条約《こうわじょうやく》がむすばれ、クリミア戦争《せんそう》は終《お》わりました。

軍隊《ぐんたい》も、看護師《かんごし》たちも、ぼつぼつ本国《ほんごく》へ引《ひ》きあげはじめました。

そのなかには、政府《せいふ》からなんの助《たす》けも得《え》られない、そうじをする婦人《ふじん》たちがいました。ナイチンゲールは自分《じぶん》のこづかいをさいて、その人《ひと》たちにおくりました。

7月《がつ》16日《にち》、スクタリの病院《びょういん》の最後《さいご》の患者《かんじゃ》が引《ひ》きあげ、ナイチンゲールの戦《たたか》いも終《お》わりました。

いっぽう、イギリス本国《ほんごく》では、ナイチンゲールの帰国《きこく》をむかえるために、さまざまな計画《けいかく》が立《た》てられていました。

「軍艦《ぐんかん》でミス・ナイチンゲールをむかえにいこう。」

と、政府《せいふ》のおえら方《がた》は言《い》いました。

「凱旋門《がいせんもん》をつくって、楽隊《がくたい》を行進《こうしん》させよう。そして、ミス・ナイチンゲールに演説《えんぜつ》をしてもらおう。」

と、歓迎委員会《かんげいいいんかい》の人《ひと》びとは言《い》いました。

ナイチンゲールは、それらの晴《は》れがましいことを、全部《ぜんぶ》ことわりました。

ふたたび書《か》きだした「自分《じぶん》だけのメモ」に、ナイチンゲールは、次《つぎ》のようにしるしています。

「ああ、かわいそうな兵士《へいし》たち、あなたがたをクリミアの墓《はか》の中《なか》にのこして、国《くに》へ帰《かえ》るわたしは、なんて悪《わる》い母親《ははおや》でしょう……。」

3 看護《かんご》の母《はは》として

ひそかな凱旋《がいせん》

船《ふね》は、ボーッという汽笛《きてき》の音《おと》とともに、港《みなと》をはなれました。

デッキに立《た》って、遠《とお》ざかっていく町《まち》を、おかの上《うえ》の病院《びょういん》を、じっとながめている、ふたりの女《おんな》の人《ひと》がいます。

いずれも、目立《めだ》たない、黒《くろ》っぽい服《ふく》を着《き》、小《ちい》さなかばんをひとつずつさげているだけでした。

（さようなら、スクタリ。）

（さようなら、クリミア。）

ふたりは胸《むね》の中《なか》で、小《ちい》さくさけんでいました。

ひとりは、それに次《つぎ》のような言葉《ことば》をつけくわえました。

（さようなら、わたしの子《こ》どもたち……。）

そして、自分《じぶん》に手《て》をとられながら、息《いき》を引《ひ》きとっていった、何千人《なんぜんにん》もの兵士《へいし》たちを思《おも》いうかべていました。

（わたしの仕事《しごと》は失敗《しっぱい》だったのだろうか、それとも、いくらかは成功《せいこう》だったのだろうか。）

そういう思《おも》いが、頭《あたま》の中《なか》をかけめぐっていました。

いうまでもなくふたりは、フローレンス・ナイチンゲールとメイおばさんでした。でも、名前《なまえ》がちがっていました。ナイチンゲールはミス・スミス、メイおばさんはミセス・スミスと名《な》をかえ、船《ふね》もわざわざ外国船《がいこくせん》をえらんで乗《の》ったのです。

あくまで、ひっそりと帰《かえ》りたい、というナイチンゲールの願《ねが》いから出《で》たものですが、ありがたいことに、地中海《ちちゅうかい》を西《にし》へ進《すす》む長《なが》い旅《たび》のあいだ、だれひとり、ナイチンゲールだと気《き》づいた者《もの》はいませんでした。

フランスのマルセイユで船《ふね》をおりたふたりは、パリに行《い》き、ここでナイチンゲールは、メイおばさんとわかれて、ただひとり、イギリスへの旅《たび》をつづけました。途中《とちゅう》、バーモンジーの修道院《しゅうどういん》に立《た》ちよって、院長《いんちょう》の修道女《しゅうどうじょ》といっしょに、長《なが》いこと兵士《へいし》のためにいのりました。

8月7日《がつなのか》、ナイチンゲールは、2年《ねん》ぶりで、ふるさとの小《ちい》さな駅《えき》におりたち、歩《ある》いてリーハースト荘《そう》に着《つ》きました。

だれも出《で》むかえる者《もの》は、ありませんでした。というのも、おおげさなことのきらいなナイチンゲールは、帰《かえ》ることを知《し》らせていなかったからです。

血《ち》と泥《どろ》の戦場《せんじょう》から帰《かえ》ってくると、道《みち》ばたの小《ちい》さな名《な》も知《し》らない草花《くさばな》までが、目《め》にしみるほど美《うつく》しく思《おも》えました。

そのとき、お父《とう》さんたちは客間《きゃくま》にいましたが、家政婦《かせいふ》のワトソンは、外《そと》に面《めん》した自《じ》分《ぶん》の部屋《へや》にいました。

ふと目《め》をあげると、庭園《ていえん》の小道《こみち》を歩《ある》いてくる、黒《くろ》っぽい姿《すがた》が見《み》えましたので、

「あっ。」

と声《こえ》をあげ、かけだしてくると、ナイチンゲールにとりすがって、わっと泣《な》きだしました。

なにごとかと出《で》てきた、お父《とう》さんも、ファニーお母《かあ》さんも、パーセノープねえさんも、大喜《おおよろこ》びでむかえました。

「まあ、フロー、よくぶじで……。それに、今度《こんど》はずいぶんはたらいて……。あなたのことはイギリス中《じゅう》で、大評判《だいひょうばん》ですよ。わたしたちまで、ほこらしくて……。」

お母《かあ》さんはフローレンスをだきしめて、うれしさのあまり、なみだをこぼしながら、とぎれとぎれに言《い》いました。

「それにしても……。」

と、お父《とう》さんは、しげしげとフローレンスをながめながら、口《くち》ごもりました。

そのはずです。フローレンスは、出《で》かけるまえとくらべて、顔《かお》もやつれ、つかれ

きったようです。それに、クリミア熱《ねつ》にかかったとき、短《みじか》くかった髪《かみ》が、まだのびきっていませんでしたので、いっそういたいたしく見《み》えました。

「パーセおねえさま、わたしのおみやげはごらんになって。」

「ええ、フロー、ちゃんと着《つ》いてるわ。とってもかわいい……。」

フローレンスのおみやげというのは、兵士《へいし》からもらったロシアの子犬《こいぬ》が1ぴき、ロシアのねこが3びき、それに、クリミアの戦場《せんじょう》に生《は》えていた草《くさ》を、根《ね》ごとぬいてきたものでした。そのうえ、片方《かたほう》の足《あし》をうしなったロシア人《じん》の子《こ》どもも、引《ひ》きとっていました。

あくる日《ひ》、おかの上《うえ》の小《ちい》さな教会《きょうかい》から、静《しず》かな鐘《かね》の音《ね》が、8月《がつ》の空《そら》にひびきわたりました。

そして、礼拝堂《れいはいどう》では、ナイチンゲール一家《いっか》を囲《かこ》んで、村人《むらびと》たちのつつましい感謝《かんしゃ》のいのりがささげられました。

これがただひとつの、そして、なにものにも勝《まさ》った、フローレンス・ナイチンゲールへの、歓迎《かんげい》のあいさつでした。

このとき、フローレンスは36歳《さい》でした。

「小《ちい》さな陸軍省《りくぐんしょう》」で

戦争《せんそう》は終《お》わりました。

けれど、フローレンス・ナイチンゲールの仕事《しごと》は、終《お》わったのでしょうか。

(いいえ、わたしのほんとうの戦《たたか》いは、これから始《はじ》まるのだわ。)

と、ナイチンゲールは思《おも》っていました。

今度《こんど》の戦争《せんそう》は、ふたつの英雄《えいゆう》の姿《すがた》を、くっきりうかびあがらせました。兵士《へいし》と看護《かんご》師《し》です。

世《よ》の中《なか》はかわってきました。もう看護師《かんごし》をいいかげんな女《おんな》とは見《み》なくなりました。兵士《へいし》についても、人間《にんげん》のくずと見《み》ることはなくなりました。

(この経験《けいけん》をいかして、教育《きょういく》のある、りっぱな看護師《かんごし》を育《そだ》てよう。)

というのが、ナイチンゲールの考《かんが》えでした。

(それもできるだけ早《はや》く、国民《こくみん》の心《こころ》の中《なか》に、戦争《せんそう》の記憶《きおく》がうすれないうちに、仕事《しごと》を始《はじ》めなければ……。)

ナイチンゲールは、リーハースト荘《そう》に、腰《こし》を落《お》ちつけるいとまもなく、ロンドンに出《で》ていきました。

そして、陸軍省《りくぐんしょう》に大臣《だいじん》のパンミュア卿《きょう》をたずねました。しかし、パンミュア卿《きょう》は休《やす》みをとって、スコットランドに、雷鳥《らいちょう》をうちにいっていました。

次《つぎ》に、古《ふる》い友《とも》だちのシドニー・ハーバートをたずねました。しかし、ハーバートも、アイルランドに、マスづりにいって、留守《るす》でした。

待《ま》つこと、しんぼうすることは、ナイチンゲールにとって、めずらしいことではありませんでした。

ところが、思《おも》いがけない知《し》らせがとどきました。

スコットランドのバルモラール城《じょう》にとまっていたビクトリア女王《じょおう》から、

「ミス・ナイチンゲールの戦場《せんじょう》での話《はなし》を聞《き》きたい。」

という、招《まね》きを受《う》けたのです。

女王《じょおう》とナイチンゲールは、バルモラール城《じょう》で2時間《じかん》あまりも話《はなし》をしました。

それからは、女王《じょおう》といっしょに教会《きょうかい》に行《い》ったり、馬《うま》で遠乗《とおの》りをしたりしました。

ときには、女王《じょおう》がなんのまえぶれもなく、ナイチンゲールのとまっている屋敷《やしき》にたずねてきて、紅茶《こうちゃ》を飲《の》みながら、午後《ごご》のひとときを、楽《たの》しくすごされることもありました。

ナイチンゲールは、今度《こんど》の戦争《せんそう》でわかった、イギリス陸軍《りくぐん》のひどい衛生《えいせい》のありさまを話《はな》し、それをよくするために、なにをしたらよいかを調査《ちょうさ》する委員会《いいんかい》をつくるように、と申《もう》しあげました。

女王《じょおう》は賛成《さんせい》して、陸軍大臣《りくぐんだいじん》のパンミュア卿《きょう》をよびよせました。

パンミュア卿《きょう》は、もじゃもじゃの髪《かみ》をさかだてた、頭《あたま》の大《おお》きな男《おとこ》で、「野牛《やぎゅう》」とい

うあだ名《な》がついていました。

しっかりした人物《じんぶつ》でしたが、なかなかあつかいにくい相手《あいて》でもありました。しかし、ナイチンゲールの話《はなし》を聞《き》くと、感激《かんげき》して、

「よろしい、あなたの望《のぞ》みがたっせられるように、力《ちから》ぞえしましょう。」

と言《い》ってくれました。

ナイチンゲールは、この成功《せいこう》に胸《むね》をおどらせながら、ロンドンに帰《かえ》ってきました。

ところが、どういうわけか、それっきりです。
二、三週間《しゅうかん》のうちに、委員会《いいんかい》をもうけるという、女王《じょおう》の命令《めいれい》が出《で》るはずだったのに、いつまでたっても、なんの知《し》らせもありませんでした。
ナイチンゲールは、陸軍省《りくぐんしょう》をはじめ、役所《やくしょ》から役所《やくしょ》を歩《ある》きまわりました。が、どこからも「うるさい女《おんな》」としてあしらわれました。

とうとうナイチンゲールは、パンミュア卿《きょう》にあてて、戦《たたか》いをいどむ手紙《てがみ》をつきつけました。

「もしこのまま委員会《いいんかい》が開《ひら》かれないのならば、わたしはクリミア戦争《せんそう》の経験《けいけん》と、軍隊《ぐんたい》の衛生《えいせい》や病院《びょういん》の改革《かいかく》についての意見《いけん》を出版《しゅっぱん》します。」

これには、野牛《やぎゅう》といわれるパンミュア卿《きょう》も、まいってしまいました。

ナイチンゲールは、それまでに新聞社《しんぶんしゃ》や出版社《しゅっぱんしゃ》から、自伝《じでん》や、戦場《せんじょう》での体験《たいけん》を書《か》いてくれと、しきりに言《い》ってくるのを、ことわりつづけてきました。

それがもし出版《しゅっぱん》されたとなると、イギリス中《じゅう》の大評判《だいひょうばん》になることは、明《あき》らかです。

そうなれば、国民《こくみん》の非難《ひなん》の目《め》は、いっせいに陸軍省《りくぐんしょう》に向《む》けられるでしょう。

パンミュア卿《きょう》は、すぐさま女王《じょおう》に命令《めいれい》を出《だ》してもらい、委員会《いいんかい》を開《ひら》きました。

ナイチンゲールは家族《かぞく》の者《もの》といっしょに、バーリントン・ホテルにとまっていました。そして自分《じぶん》の部屋《へや》を「小《ち》さな陸軍省《りくぐんしょう》」とよんで、委員会《いいんかい》のための仕事《しごと》を指図《さしず》しました。

その部屋《へや》は暗《くら》くて、風通《かぜとお》しが悪《わる》く、夏《なつ》の暑《あつ》さは、ほとんどたえがたいほどでした。

そのうえ、お母《かあ》さんと、パーセノープねえさんが、フローレンスの仕事《しごと》の都合《つごう》にはおかまいなしに、部屋《へや》に入《はい》ってきて、おしゃべりをしていくのにも、ずいぶんこまりました。

ふたりは、むろん、フローレンスを愛《あい》していましたが、それ以上《いじょう》に、ナイチンゲールの名声《めいせい》を愛《あい》していたのです。

こうして、「兵舎内《へいしゃない》の衛生《えいせい》をよくすること」「陸軍軍医学校《りくぐんぐんいがっこう》をつくること」「陸軍医《りくぐんい》務《む》部《ぶ》のしくみをすっかりあらためること」などを決《き》める委員会《いいんかい》がもうけられ、委員長《いいんちょう》にはシドニー・ハーバートがなりました。

ナイチンゲールは、この委員会《いいんかい》に、『イギリス陸軍《りくぐん》の健康《けんこう》・能率《のうりつ》・病院管理《びょういんかんり》についての覚え書《おぼがき》』という800ページもの長《なが》い論文《ろんぶん》を出《だ》しました。

この論文《ろんぶん》には、いまでも役《やく》に立《た》つことが、たくさん書《か》かれています。

ナイチンゲール・スクール

「かわいそうなフローレンス、あなたはあまりにはたらきすぎる。」

シドニー・ハーバートは、たびたびナイチンゲールに忠告《ちゅうこく》しました。

「かわいそうなフローレンス」は、ハーバートの口《くち》ぐせでした。

ハーバートにしてみれば、陸軍大臣《りくぐんだいじん》のときから、この上流家庭《じょうりゅうかてい》のおじょうさんには、ずいぶんなやまされてきました。

というのは、ナイチンゲールは、いったんこうと思《おも》いこんだら、とことんまでおしとおす、強情《ごうじょう》なところがあったからです。

そのため、ハーバートの都合《つごう》などにはおかまいなく、自分《じぶん》の改革案《かいかくあん》が聞《き》きいれられるまで、きびしいさいそくの手紙《てがみ》を送《おく》りつづけました。

ハーバートは、ナイチンゲールのすぐれた才能《さいのう》をみとめていました。ナイチンゲールもまた、ハーバートの人柄《ひとがら》と、その考《かんが》えに心《こころ》から信頼《しんらい》をおいていました。

ふたりは、かたい友情《ゆうじょう》でむすばれていました。

それにしても、ハーバートが心配《しんぱい》でならないのは、ナイチンゲールがはたらきすぎることでした。

じじつ、ナイチンゲールの健康《けんこう》は、夏《なつ》からまた、ひどくなっていました。頭《あたま》と心臓《しんぞう》がいたみ、脈《みゃく》がむやみに速《はや》くなりました。それをしずめるために、日《ひ》に2回《かい》、つめたい湿布《しっぷ》をしなければなりませんでした。

（もしかすると、ナイチンゲールは死《し》ぬのではないか。）

まわりの人《ひと》たちが、そう思《おも》ったほど、ナイチンゲールはたびたび、発作《ほっさ》を起《お》こしました。

それにしても、ナイチンゲールの改革案《かいかくあん》は、とりあげられるでしょうか。

パンミュア卿《きょう》は、なにかというと、スコットランドへ鳥《とり》うちに出《で》かけ、役人《やくにん》たちはぐずぐずして、仕事《しごと》を引《ひ》きのばそうとしています。

「なんということでしょう。クリミアのときと同《おな》じではありませんか。」

ナイチンゲールは、政府《せいふ》のあいかわらずのやり方《かた》に、しびれを切《き》らして、1859年《ねん》に、『病院覚え書《びょういんおぼがき》』［1］という本《ほん》を出版《しゅっぱん》しました。

この本《ほん》にもとづいて、のちにはヨーロッパの病院《びょういん》のほとんどが、そのしくみをとりいれるようになりました。

さすがのパンミュア卿《きょう》も、降参《こうさん》しました。

1859年《ねん》、うれしい知《し》らせが、ナイチンゲールのもとにとどきました。内閣《ないかく》がかわって、パンミュア卿《きょう》はしりぞき、ふたたびシドニー・ハーバートが陸軍大臣《りくぐんだいじん》のいすにすわったのです。


［1］病室《びょうしつ》の数《かず》や広《ひろ》さ、ベッドの最適《さいてき》な数《かず》、窓《まど》のとり方《かた》など、おもに病院建築《びょういんけんちく》のあり方《かた》について説《と》いた。空気《くうき》の流《なが》れや、人《ひと》の動《うご》きやすさも考《かんが》えられている。聖《せい》トマス病院《びょういん》は、ナイチンゲールの指導《しどう》のもとに、これらの条件《じょうけん》をみたしてつくられた病院《びょういん》である。

それからの2年間《ねんかん》は、イギリス陸軍《りくぐん》の歴史《れきし》のうえでの、かがやかしい一《いち》ページとなりました。

それは「ナイチンゲール内閣《ないかく》」と言《い》ってもよいほど、すべてがうまくいきました。ハーバートが、ナイチンゲールの改革案《かいかくあん》をとりいれて、つぎつぎに実行《じっこう》していったからです。

兵舎《へいしゃ》や病院《びょういん》はつくりかえられ、風通《かぜとお》し、暖房《だんぼう》・給水《きゅうすい》・炊事《すいじ》などの設備《せつび》が、見《み》ちがえるばかりによくなりました。

1860年《ねん》、ナイチンゲールは、ロンドンの聖《せい》トマス病院《びょういん》に、「ナイチンゲール看《かん》護学校《ごがっこう》」を開《ひら》きました。

この学校《がっこう》は、普通《ふつう》ナイチンゲール・スクールとよばれています。クリミア戦争《せんそう》のときに始《はじ》まった「ナイチンゲール基金《ききん》」によってつくられたもので、はじめの生徒《せいと》は、わずか15人《にん》でした。

けれど、これが世界《せかい》ではじめての看護師養成学校《かんごしようせいがっこう》です。

それまでは、女性《じょせい》に病気《びょうき》についての知識《ちしき》や、看護《かんご》の実際《じっさい》を教《おし》えることなど、だれも考《かんが》えていませんでしたから、世間《せけん》の人《ひと》はびっくりしました。

ナイチンゲールは、看護師《かんごし》という地位《ちい》を、ちゃんとした教育《きょういく》と訓練《くんれん》を経《へ》た職業《しょくぎょう》に高《たか》め、女性《じょせい》が世《よ》の中《なか》に出《で》てひとり立《だ》ちするための、最初《さいしょ》の道《みち》を開《ひら》いたのです。

しかし、ナイチンゲールは、開校式《かいこうしき》には出《で》られませんでした。体《からだ》が弱《よわ》っていて、ベッドから起《お》きあがることができなかったからです。

そんなわけで、ナイチンゲールは直接《ちょくせつ》、生徒《せいと》を教《おし》えることはできませんでしたが、その精神《せいしん》は生徒《せいと》たちにつたえられました。

「ナイチンゲール・スクールを卒業《そつぎょう》した者《もの》は、じつにりっぱだ。上品《じょうひん》で、きびきびしていて、しかも、やさしくて。病人《びょうにん》の世話《せわ》なら、ぜひとも、あそこの看護師《かんごし》さんをたのみなさい。」

まもなく、うわさが広《ひろ》がりました。また、評判《ひょうばん》を聞《き》いた外国《がいこく》の病院《びょういん》からも、ぜひうちにきて、看護《かんご》の心《こころ》としかたを教《おし》えてもらいたい、という申《もう》しこみがあいつぎました。

ナイチンゲールは、バーリントン・ホテルの部屋《へや》の長《なが》いすに、横《よこ》たわって、めったに起《お》きあがることもせず、外《そと》へもほとんど出《で》ませんでした。

メイおばさんが、とまりがけで世話《せわ》をしました。

けれど、ナイチンゲールは、これまでよりもいっそう熱心《ねっしん》に、仕事《しごと》をつづけました。

(わたしはまもなく死《し》ぬだろう。)

そう信《しん》じていましたから、仕事《しごと》を早《はや》くかたづけなければと、山《やま》のような書類《しょるい》や報告《ほうこく》書《しょ》と格闘《かくとう》し、何百通《なんびゃくつう》もの手紙《てがみ》を書《か》きました。

そのあいだには、『看護覚え書《かんごおぼえがき》』〔2〕という本《ほん》を書《か》いて、出版《しゅっぱん》しました。この本《ほん》はたいへん評判《ひょうばん》がよくて、フランス語《ご》・ドイツ語《ご》・イタリア語《ご》に訳《やく》されました。

版《はん》を重《かさ》ねたときには、子守《こも》りとしてはたらく少女《しょうじょ》たちに読《よ》ませるために、『赤《あか》んぼうの世話《せわ》』という文章《ぶんしょう》を書《か》きくわえました。

ナイチンゲールは、少女《しょうじょ》のころから、文章《ぶんしょう》を書《か》くことがすきで、じょうずでした。「日記《にっき》」や「自分《じぶん》だけのメモ」をいそがしいなかでも書《か》きつづけました。

また、手紙《てがみ》は大事《だいじ》なものだと考《かんが》えていましたから、ひとつの手紙《てがみ》を書《か》くにも、ずいぶんと苦心《くしん》し、心《こころ》をこめました。それで、ある人《ひと》から、

「こんなにじょうずに文章《ぶんしょう》をお書《か》きになるのですから、小説家《しょうせつか》におなりになったらいかがですか。きっと成功《せいこう》なさるでしょう。」

と言《い》われたことがあるくらいでした。

もちろん、ナイチンゲールの答《こた》えは、こうでした。

「わたしは病人《びょうにん》を看護《かんご》するほうが、ずっとすきで、その仕事《しごと》に一生《いっしょう》をかけたいとねがっていますから。」

[2] 看護《かんご》について考《かんが》えるための本《ほん》。換気《かんき》、日当《ひあ》たり、気温《きおん》、清潔《せいけつ》さ、静《しず》かさなど、病人《びょうにん》の環境《かんきょう》をととのえることや、食事《しょくじ》についてなど、その内容《ないよう》は看護《かんご》の原点《げんてん》といわれている。

6ぴきのねこ

悲《かな》しい知《し》らせ――いや、ナイチンゲールにとって、それはおそろしい知《し》らせでした。シドニー・ハーバートは、1858年《ねん》のはじめごろから、健康《けんこう》がおとろえていきました。ハーバートは、ナイチンゲールの改革案《かいかくあん》と、その実行《じっこう》をせまる、たえまないさいそくと、政府《せいふ》の役人《やくにん》との間《あいだ》にはさまって、身《み》も心《こころ》も、つかれはてていました。それでも、

（なんとか、かわいそうなフローレンスの願《ねが》いをかなえさせてやりたい。）

と、病《や》める体《からだ》にむちうって、はたらきつづけていました。

そのハーバートが、とうとうたおれた、という知《し》らせがとどいたのです。

「いま、ハーバートさんに死《し》なれたら、わたしの計画《けいかく》は、なにもかもくずれてしまう。ハーバートさん、もうすこし、もうすこし生《い》きてください。」

ナイチンゲールは、長《なが》いすに横《よこ》たわったまま、神《かみ》さまにいのりました。

けれど、そのいのりもむなしく、ハーバートは、1861年《ねん》8月《がつ》2日《ふつか》の朝《あさ》、息《いき》を引《ひ》きとりました。

最後《さいご》の言葉《ことば》は、ナイチンゲールのためのものでした。

「かわいそうなフローレンス……。わたしたちふたりの仕事《しごと》は、まだやりかけなのに……。」

シドニー・ハーバートは、ナイチンゲールのために、ひとつの大《おお》きな仕事《しごと》をのこしました。

そのころ、イギリスの植民地《しょくみんち》だったインドは、熱帯《ねったい》の気候《きこう》と、まずしい生活《せいかつ》のなかで苦《くる》しんでいました。

そのため、インド人《じん》と、本国《ほんごく》からわたっていったイギリス軍《ぐん》の兵士《へいし》をとりまく衛生《えいせい》のありさまは、ほんとうにひどいものでした。

ハーバートとナイチンゲールは、まえから「インド衛生委員会《えいせいいいんかい》」というものをつくって、改革《かいかく》にのりだそう、と話《はな》しあい、準備《じゅんび》を進《すす》めていました。専門家《せんもんか》たちと相談《そうだん》して、細《こま》かい質問書《しつもんしょ》をインドに送《おく》っていましたが、ハーバートが亡《な》くなったころから、その報告書《ほうこくしょ》がぞくぞくと、ナイチンゲールの机《つくえ》の上《うえ》にとどき、積《つ》みかさねられました。

ナイチンゲールは、クリミアで親《した》しかったランド医師《いし》と、統計学《とうけいがく》のファール博士《はかせ》に助《たす》けてもらって、その報告書《ほうこくしょ》とをとりくみました。

けっきょく、1000ページにのぼる報告書《ほうこくしょ》ができあがりましたが、ナイチンゲールは、その中《なか》に『ミス・ナイチンゲールの所見《しょけん》』という題《だい》で、意見《いけん》をのべました。

インド人《じん》に衛生教育《えいせいきょういく》を行《おこな》うこと、大《おお》きな町《まち》に下水道《げすいどう》をつくることなど、ナイチンゲールの意見《いけん》は、数年間《すうねんかん》は実《みの》らないように見《み》えましたが、やがて、ひとつひとつが実際《じっさい》に行《おこな》われていきました。

「イギリスで、会《あ》うことのいちばんむずかしい人《ひと》は、女王《じょおう》とミス・ナイチンゲールである。」

新聞記者《しんぶんきしゃ》のあいだで、こんな言葉《ことば》がささやかれました。

1865年《ねん》ごろ、ナイチンゲールは、お父《とう》さんが買《か》ってくれた、サウス街《がい》10番地《ばんち》の家《いえ》に引《ひ》っこしました。が、1年《ねん》にほんの一、二度《ど》、馬車《ばしゃ》で公園《こうえん》までドライブするだけで、ずうっと部屋《へや》にとじこもったきりでした。

どんなに有名《ゆうめい》な人《ひと》がたずねてきても、もうだれにも会《あ》いませんでした。けれど、ただひとつ例外《れいがい》がありました。それは、ナイチンゲール・スクールの生徒《せいと》たちでした。

生徒《せいと》たちがたずねてくると、ナイチンゲールは、とても楽《たの》しそうでした。病気《びょうき》が悪《わる》くならないかぎり、長《なが》い時間《じかん》、おもしろい話《はなし》や、ためになる話《はなし》をして聞《き》かせました。

部屋《へや》には、ねこが6ぴきいました。ねこはいつもそこらをうろつき、書《か》きかけの手《て》紙《がみ》や書類《しょるい》の上《うえ》を歩《ある》きまわりました。

「あらあら、いけません。」

生徒《せいと》があわてて、追《お》いはらおうとすると、ナイチンゲールは、静《しず》かに手《て》をふって、

「いいんですよ。」

と、いたずらっぽく、ほほえみました。ナイチンゲールの手紙《てがみ》のいくつかには、いまでも、ねこの足《あし》あとがのこっています。

生徒《せいと》たちにとって、ナイチンゲールは「敬愛《けいあい》する校長先生《こうちょうせんせい》」であり、「やさしいおばあさん」でした。

ナイチンゲール・スクールには、たびたび、くだもの、ゲームの道具《どうぐ》、ゼリー、クリームなどの贈《おく》り物《もの》がとどけられました。

卒業《そつぎょう》した生徒《せいと》が、看護師《かんごし》として新《あたら》しい職場《しょくば》につくと、かならず、お祝《いわ》いの花《はな》たばがおくられてきました。

生徒《せいと》たちが旅行《りょこう》をするときには、お弁当《べんとう》を持《も》ったナイチンゲールの使用人《しようにん》が、汽車《きしゃ》のホームで待《ま》っていました。

1887年《ねん》には、イギリスの16の病院《びょういん》で、ナイチンゲール・スクールで学《まな》んだ主任《しゅにん》

看護師《かんごし》がはたらいていました。

また、これらの主任看護師《しゅにんかんごし》にひきいられた、何組《なんくみ》もの看護師《かんごし》が、アメリカ・カナダ・ドイツ・オーストリア・スウェーデン・インド・セイロン（スリランカ）などで活躍《かつやく》していました。

生徒《せいと》や看護師《かんごし》たちは、みんな心《こころ》に感《かん》じていました。

（わたしたちの後《うし》ろには、いつもミス・ナイチンゲールがいる。）

大《おお》いなる死《し》

ナイチンゲールはひとりぼっちになりました。

昔《むかし》、いっしょに仕事《しごと》をした、多《おお》くの友《とも》だちは、すでにこの世《よ》を去《さ》っていました。けれど、ナイチンゲールは、長《なが》いすの上《うえ》で、あいかわらず仕事《しごと》をつづけました。

（なぜなら、わたしにはなお、おおぜいの友《とも》だちがいるから。）

と思《おも》っていたからです。

仕事《しごと》は、その友《とも》だちに手紙《てがみ》を書《か》くことでした。

たしかにナイチンゲールは、ひとりぼっちではなく、多《おお》くの友《とも》だちがありました。

それは、ナイチンゲールをしたって、世界《せかい》の各地《かくち》から、さまざまな意見《いけん》をもとめてくる人《ひと》たちでした。

ある者《もの》は看護学校《かんごがっこう》について、ある者《もの》は病院《びょういん》の設備《せつび》について、ある者《もの》はまずしい人《ひと》たちのための慈善病院《じぜんびょういん》のあり方《かた》について、どうしたらいちばんいいかを、たずねてきました。

ナイチンゲールは、それらの手紙《てがみ》には、かならず返事《へんじ》を書《か》きました。いまでは、ナイチンゲールののこした何百通《なんびゃくつう》もの手紙《てがみ》は、そのままナイチンゲールの自伝《じでん》であり、近代看護法《きんだいかんごほう》の夜明《よあ》けを語《かた》る歴史《れきし》になっています。

また、スクタリからもどって、5年《ねん》のあいだに書《か》いた論文《ろんぶん》や、報告書《ほうこくしょ》だけでも、3000ページにのぼっています。

病気《びょうき》に苦《くる》しみながら、これだけの仕事《しごと》をなしとげた、ナイチンゲールの力《ちから》は、どこからわいてきたのでしょうか。

もう一度《いちど》、わたしたちは考《かんが》えてみたいと思《おも》います。

1874年《ねん》1月《がつ》、お父《とう》さんが階段《かいだん》から落《お》ちたけががもとで、死《し》にました。

お父《とう》さんとフローレンスとの間《あいだ》には、深《ふか》い愛情《あいじょう》のつながりがありました。表向《おもてむ》きには、フローレンスの仕事《しごと》を助《たす》けてくれることはありませんでしたが、かげではいつも、そっと温《あたた》かく見守《みまも》っていてくれました。

1880年《ねん》、お母《かあ》さんが92歳《さい》で、やすらかに世《よ》を去《さ》りました。

お母《かあ》さんとは、フローレンスのいちばんつらかったときに、心《こころ》が通《かよ》いあわず、ふたりともずいぶん苦《くる》しみました。

上流家庭《じょうりゅうかてい》に育《そだ》って、せまい世界《せかい》だけしか見《み》えずに、自分《じぶん》の楽《たの》しみを追《お》いもとめてきたお母《かあ》さんが、「わたしは幸福《こうふく》ではない。」という、娘《むすめ》の心《こころ》を理解《りかい》できなかったとしても、非難《ひなん》することはできないでしょう。

パーセノープねえさんは、1890年《ねん》、71歳《さい》で亡《な》くなりました。パーセはハリーという貴族《きぞく》と結婚《けっこん》し、りっぱな貴婦人《きふじん》として、また、小説家《しょうせつか》として成功《せいこう》しましたが、ついに妹《いもうと》の仕事《しごと》を理解《りかい》することはできませんでした。

でもそれは、その人《ひと》なりに幸《しあわ》せでした。

そして、フローレンス・ナイチンゲールは——。

サウス街《がい》の家《いえ》をおとずれた人《ひと》が、まず感《かん》じるのは、その明《あか》るさでした。

部屋《へや》の壁《かべ》は白《しろ》くぬられ、窓辺《まどべ》には花《か》びんがおかれて、一年中《いちねんじゅう》、季節《きせつ》の新《あたら》しい花々《はなばな》で、みたされていました。

壁《かべ》には、娘《むすめ》のころ、ローマで買《か》った、システィナ礼拝堂《れいはいどう》の銅版画《どうばんが》がかかっていました。

体《からだ》つきは、少女《しょうじょ》のときのほっそりしたおもかげは消《き》えて、太《ふと》っていました。パステル画《が》のような、ほのかな色《いろ》がさしていた顔《かお》には、長《なが》いあいだの苦労《くろう》のしわが、深《ふか》くきざまれていました。

たまたま、そのころたずねた、親類《しんるい》のひとりの少年《しょうねん》は、ナイチンゲールおばあさまの感《かん》じを、

「とてもゆかいな人《ひと》のように見《み》えた。」

と語《かた》っています。

1907年《ねん》、エドワード7世《せい》から、ナイチンゲールにメリット勲章《くんしょう》がおくられました。芸術《げいじゅつ》や科学《かがく》など、学問《がくもん》の発展《はってん》に貢献《こうけん》した人《ひと》にあたえられるものです。この勲章《くんしょう》が婦人《ふじん》にさずけられたのは、これがはじめてでした。

さらに、あくる年《とし》には、ロンドンの名誉《めいよ》市民《しみん》の称号《しょうごう》がさずけられました。けれど、ナイチンゲールは、なにも知《し》りませんでした。もう目《め》が見《み》えなくなり、まわりのことにも、ほとんどおぼえがなくなっていたからです。

それでも、ナイチンゲールはまだ生《い》きつづけました。巨人《きょじん》のような重《おも》く大《おお》きな仕事《しごと》を背負《せお》って、長《なが》い一生《いっしょう》を、前《まえ》へ、前《まえ》へと進《すす》んできた体《からだ》が、動《うご》きを止《と》めたのは、1910年《ねん》8月《がつ》13日《にち》でした。ナイチンゲールは、ついに90年《ねん》

と3か月《げつ》の一生《いっしょう》を終《お》えたのです。

イギリスでは、国家《こっか》に手柄《てがら》のあった人《ひと》や、えらい人《ひと》は、ウェストミンスター寺院《じいん》にほうむられるのが習《なら》わしです。

もちろん、ナイチンゲールにも、国葬《こくそう》やウェストミンスター寺院《じいん》にほうむるという、政府《せいふ》からの申《もう》し出《で》がありました。

けれど、ナイチンゲールの遺言《ゆいごん》によって、それはとりやめられました。

ナイチンゲールのひつぎは、6人《にん》の陸軍《りくぐん》の軍曹《ぐんそう》によってかつがれ、リーハースト荘《そう》に近《ちか》い、イースト・ウェローにある、ナイチンゲール家《け》の墓《はか》にほうむられました。

お墓《はか》には、わずか3行《ぎょう》の文字《もじ》がきざまれました。

「F《エフ》・N《エヌ》・

1820年《ねん》5月《がつ》12日生《にちう》まれ。

1910年《ねん》8月《がつ》13日没《にちぼつ》。」

赤十字《せきじゅうじ》の旗《はた》のもとに

みなさんは、赤十字《せきじゅうじ》を知《し》っているでしょう。

ジュネーブ条約《じょうやく》（赤十字条約《せきじゅうじじょうやく》ともいう）に加入《かにゅう》する国《くに》では、戦争《せんそう》のときには、各国《かっこく》の赤十字社《せきじゅうじしゃ》が、軍隊《ぐんたい》の衛生管理《えいせいかんり》に力《ちから》をかします。その活動《かつどう》のひとつとして、看護師《かんごし》が敵《てき》味方《みかた》の区別《くべつ》なく、傷病兵《しょうびょうへい》を看護《かんご》します。

また、大《おお》きな地震《じしん》とか、津波《つなみ》とか、大《おお》あらしなどがあったときにも、赤十字《せきじゅうじ》は、食《た》べ物《もの》や、着《き》るものや、薬《くすり》などをとどけたり、看護師《かんごし》が傷《きず》の手当《てあ》てなどもします。

この赤十字《せきじゅうじ》をつくったのは、ナイチンゲールだと考《かんが》えている人《ひと》が多《おお》いのですが、そうではありません。

けれど、赤十字《せきじゅうじ》ができるには、ナイチンゲールのクリミア戦争《せんそう》での活躍《かつやく》が、大《おお》きな力《ちから》になっているのです。

それはクリミア戦争《せんそう》よりあとの、1859年《ねん》のことです。フランスとオーストリアとが、イタリアのソルフェリーノというところではげしくたたかい、2日間《ふつかかん》で4万人《まんにん》もの死傷者《ししょうしゃ》が出《で》ました。

そのとき、スイス人《じん》で、ジャン・アンリ・デュナンという人《ひと》が、戦場《せんじょう》にまよいこんでしまいました。

銃声《じゅうせい》がとどろき、砲弾《ほうだん》があちこちに落《お》ちるのに、おどろいたデュナンは、近《ちか》くの教会《きょうかい》ににげこみました。その地下室《ちかしつ》で見《み》たものは、フランス連合軍《れんごうぐん》の傷兵《しょうへい》が100人《にん》以上《いじょう》、オーストリアの傷兵《しょうへい》も15人《にん》ほどが、苦《くる》しみもがいている、おそろしいありさまでした。

デュナンは大急《おおいそ》ぎで、近《ちか》くの村《むら》をかけめぐり、7人《にん》の手助《てだす》けを集《あつ》めて、傷兵《しょうへい》たちの介抱《かいほう》を始《はじ》めました。

そのおかげで、命《いのち》をとりとめた者《もの》も、たくさんいましたが、介抱《かいほう》のかいもなく、目《め》の前《まえ》で死《し》んでいった者《もの》も、多《おお》くいました。

デュナンは、そのあいだ、ねむることも、食《た》べることもわすれて、はたらきつづけましたが、ともすればくじけようとする気力《きりょく》をささえてくれたのは、クリミア戦争《せんそう》でのナイチンゲールの働《はたら》きぶりを、思《おも》いうかべることでした。

このことから、デュナンの大《おお》きな夢《ゆめ》が生《う》まれました。戦争《せんそう》のときには、敵味方《てきみかた》の区《く》別《べつ》なく傷病兵《しょうびょうへい》をすくう、赤十字《せきじゅうじ》をつくろう、という夢《ゆめ》です。

それからデュナンは、『ソルフェリーノの思《おも》い出《で》』という本《ほん》を書《か》き、ヨーロッパの国々《くにぐに》を回《まわ》って、うったえました。

ついに4年後《ねんご》の1863年《ねん》、16か国《こく》の話《はな》し合《あ》いの結果《けっか》、スイスのジュネーブで、「赤十字国際委員会《せきじゅうじこくさいいいんかい》」が生《う》まれました。

デュナンは、この運動《うんどう》のために、財産《ざいさん》のすべてを使《つか》いはたして、行方《ゆくえ》がわからなくなりました。

ずっとのちになって、アルプスの山《やま》の中《なか》にある養老院《ようろういん》にいるのが、新聞記者《しんぶんきしゃ》によって発見《はっけん》されました。

第《だい》1回《かい》のノーベル平和賞《へいわしょう》は、このデュナンにあたえられましたが、デュナンはその賞金《しょうきん》の一部《いちぶ》を、スイス赤十字社《せきじゅうじしゃ》に寄付《きふ》してしまいました。

デュナンは、どうして赤十字《せきじゅうじ》を始《はじ》めたのか、とたずねられると、次《つぎ》のように答《こた》えています。

「みなさんは、わたしが赤十字《せきじゅうじ》を始《はじ》めたように言《い》われ、また、世間《せけん》の人《ひと》もそう考《かんが》えています。しかし、ほんとうはイギリスのひとりの婦人《ふじん》、フローレンス・ナイチンゲールの力《ちから》が、これを生《う》んだのです。

わたしがソルフェリーノへ行《い》ったとき、敵味方《てきみかた》の区別《くべつ》なく、傷病兵《しょうびょうへい》を看護《かんご》したのは、人間《にんげん》として、あたりまえのことをしたにすぎません。

ナイチンゲールは数年《すうねん》まえに、クリミアの戦場《せんじょう》で、数多《かずおお》くの傷病兵《しょうびょうへい》をすくっています。この力《ちから》をわすれることはできません。もしわたしが、ソルフェリーノに行《い》かなかったなら、赤十字《せきじゅうじ》を始《はじ》めよう、という考《かんが》えはもたなかったにちがいありません。」

これからもわかるように、デュナンは赤十字《せきじゅうじ》の父《ちち》、ナイチンゲールは赤十字《せきじゅうじ》の母《はは》、といったらいいでしょう。ナイチンゲールの精神《せいしん》は、赤十字《せきじゅうじ》の旗《はた》のもとに、いまもなお生《い》きつづけているのです。

（終《お》わり）

本書《ほんしょ》は講談社《こうだんしゃ》火《ひ》の鳥《とり》伝記《でんき》文庫《ぶんこ》『ナイチンゲール』（1981年《ねん》11月《がつ》19日《にち》初版《しょはん》）を底本《ていほん》に、新《あたら》しい資料《しりょう》を基《もと》に表記《ひょうき》の改定《かいてい》を行《おこな》い、必要《ひつよう》な部分《ぶぶん》に注釈《ちゅうしゃく》を加《くわ》えたものです。また、今日《こんにち》では適切《てきせつ》でないことばも見《み》うけられますが、作品《さくひん》の発表《はっぴょう》された当時《とうじ》の時代背景《じだいはいけい》を考慮《こうりょ》し、そのままとしました。

ナイチンゲールの年表《ねんぴょう》

年代《ねんだい》	年齢《ねんれい》	できごと	世《よ》の中《なか》の動《うご》き
1820（文政《ぶんせい》3）	0歳《さい》	5月《がつ》12日《にち》、両親《りょうしん》のイタリア旅行中《りょこうちゅう》にフィレンツェで生《う》まれる。ナイチンゲール家《け》は、イギリスの上流《じょうりゅう》家庭《かてい》で姉《あね》にパーセノープがいる。	
1830（天保《てんぽう》1）			フランスで七月《がつ》革命《かくめい》が起《お》こる。
1832（天保《てんぽう》3）	12歳《さい》	父《ちち》から外国語《がいこくご》や歴史《れきし》・哲学《てつがく》などを、家庭教師《かていきょうし》から音楽《おんがく》・絵画《かいが》の教育《きょういく》を受《う》けはじめる。	
1837（天保《てんぽう》8）	17歳《さい》	2月《がつ》7日《なのか》、「神《かみ》のよびかけ」を聞《き》く。9月《がつ》、一家《いっか》でフランス・イタリア・スイスなどへの1年半《ねんはん》以上《いじょう》にわたる旅行《りょこう》に出発《しゅっぱつ》。	イギリスのビクトリア女王《じょおう》即位《そくい》。
1839（天保《てんぽう》10）	19歳《さい》	5月《がつ》24日《か》、ビクトリア女王《じょおう》に拝謁《はいえつ》。このころ、自分《じぶん》の生活《せいかつ》にはげしい不満《ふまん》を感《かん》じ、精神的《せいしんてき》に苦《くる》しい時期《じき》をすごす。	

1844（弘化《こうか》1）	24歳《さい》	6月《がつ》、アメリカの社会事業家《しゃかいじぎょうか》ハウ博士《はかせ》に会《あ》い、病院《びょういん》やそのほかで、めぐまれない人《ひと》たちのためにはたらきたいという望《のぞ》みを打《う》ちあけ、はげまされて決意《けつい》をかためる。	ロンドンにYMCA《ワイエムシーエー》ができる。
1845（弘化《こうか》2）	25歳《さい》	家族《かぞく》に看護師《かんごし》になる決心《けっしん》を打《う》ちあけ、反対《はんたい》される。以後《いご》、使命感《しめいかん》と家族《かぞく》の反対《はんたい》との板《いた》ばさみに苦《くる》しむ。	
1847（弘化《こうか》4）	27歳《さい》	10月《がつ》、ブレイスブリッジ夫妻《ふさい》とともにイタリア旅行《りょこう》に出発《しゅっぱつ》。シドニー・ハーバート夫妻《ふさい》と出会《であ》う。	
1848（弘化《こうか》5）			フランスで二月革命《がつかくめい》が起《お》こる。
1849（嘉永《かえい》2）	29歳《さい》	秋《あき》、ブレイスブリッジ夫妻《ふさい》とともに、エジプト、ギリシアを旅行《りょこう》。	
1850（嘉永《かえい》3）	30歳《さい》	帰国《きこく》の途中《とちゅう》、ドイツに立《た》ちより、フリードナー牧師《ぼくし》のカイゼルスベルト学園《がくえん》を見学《けんがく》。	

1851（嘉永《かえい》4）	31歳《さい》	春《はる》、カイゼルスベルト学園《がくえん》に行《い》き、3か月《げつ》間《かん》、看護法《かんごほう》の勉強《べんきょう》をする。	
1853（嘉永《かえい》6）	33歳《さい》	8月《がつ》、ロンドンのハーレー街《がい》の慈善病院《じぜんびょういん》の再建《さいけん》をまかされる。	ペリーが浦賀《うらが》に来《く》る。
1854（安政《あんせい》1）	34歳《さい》	10月《がつ》21日《にち》、38人《にん》の看護師《かんごし》をつれて、ロンドンを出発《しゅっぱつ》。11月《がつ》5日《いっか》、スクタリに着《つ》く。	イギリスとフランスがクリミア戦争《せんそう》に参戦《さんせん》。
1855（安政《あんせい》2）	35歳《さい》	5月《がつ》、バラクラバでクリミア熱《ねつ》にかかり、きとくにおちいる。スクタリに帰《かえ》って保養《ほよう》をし10月《がつ》、バラクラバへもどる。	
1856（安政《あんせい》3）	36歳《さい》	7月《がつ》、帰国《きこく》の途《と》につく。9月《がつ》、ビクトリア女《じょ》王夫妻《おうふさい》に、軍隊《ぐんたい》の衛生状態《えいせいじょうたい》の改善《かいぜん》について進言《しんげん》。以後《いご》、イギリス陸軍《りくぐん》、インドなどの衛生《えいせい》について、終生力《しゅうせいちから》をつくす。	クリミア戦争《せんそう》終《お》わる。
1858（安政《あんせい》5）	38歳《さい》	『病院《びょういん》覚《おぼ》え書《がき》』を出版《しゅっぱん》。	
1859（安政《あんせい》6）	39歳《さい》	一般《いっぱん》婦人《ふじん》向《む》けに『看護《かんご》覚《おぼ》え書《がき》』を出版《しゅっぱん》。	赤十字《せきじゅうじ》の父《ちち》といわれるアンリ・デュナンが戦傷者《せんしょうしゃ》救護《きゅうご》に活躍《かつやく》する。

1860(万延《まんえん》1)	40歳《さい》	ロンドンに、ナイチンゲール看護学校《かんごがっこう》を開《ひら》く。	
1861(文久《ぶんきゅう》1)	41歳《さい》	ウィリアム・ラスボーン氏《し》を知《し》り、貧民問題《ひんみんもんだい》にとりくみはじめる。	
1865(慶応《けいおう》1)	45歳《さい》	ナイチンゲール看護学校卒業生《かんごがっこうそつぎょうせい》のジョーンズをリバプールの貧民病院《ひんみんびょういん》へ送《おく》る。	
1868(明治《めいじ》1)			明治《めいじ》が始《はじ》まる。
1907(明治《めいじ》40)	87歳《さい》	エドワード7世《せい》よりメリット勲章《くんしょう》をおくられる。	
1908(明治《めいじ》41)	88歳《さい》	ロンドン市《し》の名誉市民《めいよしみん》となる。	
1910(明治《めいじ》43)	90歳《さい》	8月《がつ》13日《にち》死去《しきょ》。	アンリ・デュナン死去《しきょ》。

解説《かいせつ》

フローレンス・ナイチンゲール

川原由佳里《かわはらゆかり》（日本赤十字看護大学准教授《にほんせきじゅうじかんごだいがくじゅんきょうじゅ》）

ナイチンゲールの生《い》きた時代《じだい》

イギリスでは18世紀《せいき》の産業革命《さんぎょうかくめい》を経《へ》て、ビクトリア女王《じょおう》の時代《じだい》になると、国《くに》が大変《たいへん》に繁栄《はんえい》します。世界各地《せかいかくち》の植民地《しょくみんち》などから得《え》た安《やす》い材料《ざいりょう》を、国内《こくない》の近代的《きんだいてき》な設備《せつび》をもった工場《こうじょう》で加工《かこう》し、大量《たいりょう》に製品《せいひん》をつくって売《う》り、巨額《きょがく》の富《とみ》を得《え》たからです。一方《いっぽう》で国内《こくない》では、豊《ゆた》かな人《ひと》とまずしい人《ひと》との格差《かくさ》が広《ひろ》がるという問題《もんだい》が生《しょう》じていました。

上流階級《じょうりゅうかいきゅう》には、貴族《きぞく》や大地主《おおじぬし》、産業革命《さんぎょうかくめい》で生《う》まれた経営者《けいえいしゃ》や貿易商《ぼうえきしょう》などの大金持《おおがねも》ちがいましたが、まずしい人《ひと》たちは大地主《おおじぬし》の土地《とち》をかりて農業《のうぎょう》をするか、農業《のうぎょう》で生活《せいかつ》できない人《ひと》は都市《とし》に流入《りゅうにゅう》し仕事《しごと》につくか、さもなければ路上生活《ろじょうせいかつ》をしていました。かれらは食事《しょくじ》も十分《じゅうぶん》にとれず、病気《びょうき》になっても医師《いし》の診察《しんさつ》を受《う》けられない、かわいそうな境遇《きょうぐう》にありました。

フローレンスは、父親《ちちおや》はイギリスの大地主《おおじぬし》、母親《ははおや》は国会議員《こっかいぎいん》の娘《むすめ》という上流家庭《じょうりゅうかてい》に生《う》まれます。父親《ちちおや》は教育《きょういく》に熱心《ねっしん》な人《ひと》で、フローレンスに哲学《てつがく》、政治学《せいじがく》、宗教学《しゅうきょうがく》さらには、当時女性《とうじじょせい》が学《まな》ぶことはめずらしかった数学《すうがく》を教《おし》えました。フローレンスはこれらの学問《がくもん》を積《つ》み、さらにギリシャ語《ご》、ラテン語《ご》を読《よ》み、フランス語《ご》、ドイツ語《ご》、イタリア語《ご》にいたっては読《よ》み書《か》き、会話《かいわ》も自由自在《じゆうじざい》という知性《ちせい》あふれる女性《じょせい》に育《そだ》ちます。

母親《ははおや》はむしろ、娘《むすめ》たちにレディとしての教育《きょういく》をほどこし、社交界《しゃこうかい》にデビューさせて、いずれは有力《ゆうりょく》な貴族《きぞく》や大富豪《だいふごう》と結婚《けっこん》させたいとねがっていました。フローレンスも一時期《いちじき》は社交界《しゃこうかい》にあこがれ、オペラやダンスを楽《たの》しみましたが、やがて上流社会《じょうりゅうしゃかい》の女性《じょせい》たちの生《い》き方《かた》に疑問《ぎもん》を感《かん》じるようになります。

はなやかなパーティで、年《とし》ごろの女性《じょせい》として周囲《しゅうい》が期待《きたい》する役割《やくわり》をはたしながらも、本当《ほんとう》の自分《じぶん》はそうではないと、内面《ないめん》では葛藤《かっとう》していました。ゆいいつ、フローレンスに心《こころ》の安定《あんてい》をもたらしたのは学問《がくもん》でしたが、その学問《がくもん》の世界《せかい》でさえフローレンスにとっては物足《ものた》りませんでした。彼女《かのじょ》がもとめていたのは社会実践《しゃかいじっせん》、すなわち現実《げんじつ》の社会《しゃかい》のなかで、神《かみ》さまからあたえられた使命《しめい》をはたし、生《い》きることでした。

義務《ぎむ》ではなく召命《しょうめい》として

「ノブレス・オブリージュ（noblesse oblige）」という言葉《ことば》があります。高貴《こうき》な人《ひと》びとにとっての義務《ぎむ》という意味《いみ》で、財産《ざいさん》、権力《けんりょく》、社会的地位《しゃかいてきちい》をもつ人《ひと》びとは社会《しゃかい》に対《たい》する責任《せきにん》がともなうことを言《い》います。たとえばイギリスの王室《おうしつ》ではノブレス・オブリージュとして、ウィリアム王子《おうじ》やヘンリー王子《おうじ》が孤児院《こじいん》でボランティア活動《かつどう》をしています。米国《べいこく》でもセレブリティや名士《めいし》がボランティア活動《かつどう》や寄付《きふ》をするのが一般的《いっぱんてき》です。

フローレンスの母《はは》も、上流家庭《じょうりゅうかてい》の娘《むすめ》たちにノブレス・オブリージュを身《み》につけさせようと、娘《むすめ》たちをつれて、村《むら》のまずしい人《ひと》びとや病気《びょうき》の人《ひと》びとを見舞《みま》い、ほどこしをしました。フローレンスは村《むら》で目撃《もくげき》した人《ひと》びとのようすに胸《むね》を打《う》たれます。しかも自《じ》分《ぶん》たちが行《おこな》っていることはかれらにとって一時的《いちじてき》なものにすぎず、根本的《こんぽんてき》な解決《かいけつ》にはなっていないことに気《き》づき、苦悩《くのう》します。

フローレンスは何《なん》とかしなければという思《おも》いをつのらせていきました。やがて彼女《かのじょ》はノブレス・オブリージュの域《いき》をこえて、それが神《かみ》のご意志《いし》によって自分《じぶん》にあたえられた使命《しめい》だと信《しん》じるようになります。看護《かんご》という仕事《しごと》に生涯《しょうがい》をささげることをフローレンスは決心《けっしん》し、思《おも》いきって家族《かぞく》に打《う》ちあけますが、反対《はんたい》されてしまいます。

しかしフローレンスの考《かんが》えを支持《しじ》してくれる人《ひと》びともいました。メイおばさん、のちに陸軍大臣《りくぐんだいじん》となったハーバートとその夫人《ふじん》、パリの社交界《しゃこうかい》の友人《ゆうじん》クラーク夫妻《ふさい》、アメリカの博愛主義者《はくあいしゅぎしゃ》ハウ博士《はかせ》、世界初《せかいはつ》の女性医師《じょせいいし》ブラックウェル。フローレンスが上《じょう》流階級《りゅうかいきゅう》の出身《しゅっしん》であったからこそ得《え》られた人脈《じんみゃく》であり、その後《ご》もフローレンスの活動《かつどう》のささえとなりました。

最終的《さいしゅうてき》に、フローレンスが両親《りょうしん》やお姉《ねえ》さんの反対《はんたい》をおしきって、看護《かんご》の道《みち》に進《すす》むことを決《き》めたのは30歳《さい》のとき。彼女《かのじょ》はようやくひとりの人間《にんげん》として目覚《めざ》め、自分《じぶん》の足《あし》で歩《ある》きだしたのです。

ナイチンゲールの業績《ぎょうせき》

ナイチンゲールの行《おこな》った改革《かいかく》は看護《かんご》にかぎりません。イギリス陸軍《りくぐん》の衛生改革《えいせいかいかく》のために彼女《かのじょ》が行《おこな》った統計分析《とうけいぶんせき》はすばらしいもので、統計学《とうけいがく》の基礎《きそ》をつくりあげた人《ひと》としてもナイチンゲールは有名《ゆうめい》です。軍隊《ぐんたい》と一般人《いっぱんじん》とで病気《びょうき》になる人《ひと》の割合《わりあい》を比較《ひかく》して、軍《ぐん》の衛生環境《えいせいかんきょう》を大《おお》きく改善《かいぜん》しました。また軍隊《ぐんたい》だけでなく、世界各地《せかいかくち》の病院《びょういん》や看護《かんご》の改善《かいぜん》にも力《ちから》をつくしました。

『看護覚《かんごおぼ》え書《がき》』はベストセラーになり、一般市民《いっぱんしみん》の保健衛生《ほけんえいせい》に影響《えいきょう》をあたえました。病気予防《びょうきよぼう》、健康回復《けんこうかいふく》、健康増進《けんこうぞうしん》における看護《かんご》という仕事《しごと》の大切《たいせつ》さをつたえ、看護《かんご》を担《にな》う人《ひと》びとを教育《きょういく》するための学校《がっこう》をつくりました。ナイチンゲール看護学校《かんごがっこう》の卒業生《そつぎょうせい》は世界中《せかいじゅう》にちらばって、ナイチンゲール方式《ほうしき》の教育《きょういく》を広《ひろ》めていきました。

現在《げんざい》、看護師《かんごし》には男性《だんせい》もおおぜいいますが、当時《とうじ》は女性《じょせい》がなれる職業《しょくぎょう》が少《すく》なかったため、看護《かんご》は結婚《けっこん》しない女性《じょせい》や夫《おっと》と死別《しべつ》した女性《じょせい》が自立《じりつ》して生《い》きていく道《みち》ともなりました。

もちろん、これらの改革《かいかく》にはつねに困難《こんなん》がつきまといました。妨害《ぼうがい》を受《う》けたことも数知《かずし》れません。屈《くっ》しそうになるたび、フローレンスはいつも、まずしくこまっている人《ひと》びと、そして戦場《せんじょう》で苦《くる》しんで亡《な》くなっていった兵士《へいし》たちを思《おも》いだしては再《ふたた》び立《た》ちあがり、力強《ちからづよ》く困難《こんなん》をのりこえていきました。

並外《なみはず》れて裕福《ゆうふく》で才能《さいのう》と人脈《じんみゃく》にめぐまれながらも、けっして楽《らく》な方向《ほうこう》へと流《なが》されることはありませんでした。家族《かぞく》の反対《はんたい》をおしきり、社会《しゃかい》とたたかってまで、弱《よわ》い人《ひと》びとの味方《みかた》でありつづけたフローレンス。強《つよ》く正《ただ》しい信念《しんねん》がどれだけ人間《にんげん》の力《ちから》を引《ひ》きだすかということを感《かん》じずにはいられません。

ナイチンゲールをめぐる歴史人物伝《れきしじんぶつでん》

ナイチンゲールの
強力《きょうりょく》な味方《みかた》
ビクトリア女王《じょおう》
1819-1901年《ねん》

イギリスのハノーバー朝《ちょう》第《だい》6代《だい》女王《じょおう》。1837年《ねん》に18歳《さい》で女王《じょおう》に即位《そくい》し、1901年《ねん》に亡《な》くなるまで、約《やく》64年間《ねんかん》在位《ざいい》した。

21歳《さい》のとき、母方《ははかた》のいとこにあたるアルバートと結婚《けっこん》。4男《なん》5女《じょ》、9人《にん》の子《こ》どもを産《う》んだ。娘《むすめ》たちをヨーロッパ各国《かっこく》の王室《おうしつ》にとつがせ、国王《こくおう》になった孫《まご》もいるので、のちに「ヨーロッパの祖母《そぼ》」とよばれた。

世界《せかい》に先《さき》がけて産業革命《さんぎょうかくめい》が始《はじ》まったイギリスは、ビクトリア女王《じょおう》のもとで最盛期《さいせいき》をむかえ、地球上《ちきゅうじょう》のあらゆる場所《ばしょ》に植民地《しょくみんち》をもち、強大《きょうだい》な国《くに》となる。また、科学技術《かがくぎじゅつ》や芸術《げいじゅつ》の発展《はってん》にも力《ちから》を入《い》れ、1851年《ねん》にはロンドン万国博覧会《ばんこくはくらんかい》を成功《せいこう》させた。

クリミア戦争《せんそう》のとき、戦地《せんち》におもむいたナイチンゲールのことを知《し》ると、ハーバート陸軍大臣《りくぐんだいじん》に対《たい》して、ナイチンゲールからの報告《ほうこく》は直接自身《ちょくせつじしん》にとどけるように命《めい》じた。女王《じょおう》の応援《おうえん》は、ナイチンゲールとその看護団《かんごだん》にとって、大《おお》きなはげみとなった。

ナイチンゲールに重要《じゅうよう》な役《やく》をあたえた
シドニー・ハーバート
1810－1861年《ねん》

イギリスの伯爵家《はくしゃくけ》に生《う》まれ、大学《だいがく》を出《で》てすぐに国会議員《こっかいぎいん》にえらばれた。24歳《さい》でインド監督庁副長官《かんとくちょうふくちょうかん》、31歳《さい》で副海軍大臣《ふくかいぐんだいじん》になり、その3年後《ねんご》には陸軍大臣《りくぐんだいじん》へと出世《しゅっせ》した。

1853年《ねん》、ロシアとトルコの間《あいだ》でクリミア戦争《せんそう》が始《はじ》まったとき、イギリスはどうすべきかで、政府《せいふ》の意見《いけん》がふたつに分《わ》かれた。当時《とうじ》の政府《せいふ》は、ロシア寄《よ》りとトルコ寄《よ》りの政治家《せいじか》が、半分《はんぶん》ずついる連立政権《れんりつせいけん》だったからだ。

ハーバートは、大国《たいこく》のイギリスは、両国《りょうこく》の間《あいだ》に入《はい》って、仲直《なかなお》りさせる役目《やくめ》をはたさなければならないと、平和主義《へいわしゅぎ》をうったえたが、思《おも》いどおりにはいかなかった。結局《けっきょく》、トルコを助《たす》けるために、戦争《せんそう》に参加《さんか》すべきという意見《いけん》のほうが勝《まさ》り、イギリスはフランスとともに、参戦《さんせん》することになった。

ところが、戦争《せんそう》は長引《ながび》き、多《おお》くのイギリス兵士《へいし》が傷《きず》を負《お》って苦《くる》しんだ。それがつたわると、陸軍大臣《りくぐんだいじん》のハーバートは、以前《いぜん》に、友人《ゆうじん》を介《かい》して出会《であ》ったナイチンゲールのことを思《おも》いだし、看護団《かんごだん》をひきいて戦場《せんじょう》へ行《い》ってくれるようたのんだ。そして、ナイチンゲールの仕事《しごと》をささえつづけた。

看護《かんご》の道《みち》に進《すす》むよう
背中《せなか》をおした

サミュエル・ハウ

1801－1876年《ねん》

アメリカの医師《いし》で教育家《きょういくか》、社会事業家《しゃかいじぎょうか》。ボストンにつくられた、アメリカではじめての盲人《もうじん》のための学校《がっこう》、パーキンス盲学校《もうがっこう》の初代校長《しょだいこうちょう》をつとめた。

　この学校《がっこう》は、目《め》の不自由《ふじゆう》な人《ひと》だけでなく、ほかの障害《しょうがい》のある人《ひと》も受《う》けいれていて、目《め》と耳《みみ》が不自由《ふじゆう》で、においもわからないローラ・ブリッジマンを、点字《てんじ》や指文字《ゆびもじ》を使《つか》って教育《きょういく》することに成功《せいこう》し、学校《がっこう》の名《な》を高《たか》めた。ハウの死後《しご》、ヘレン・ケラーを教育《きょういく》したアン・サリバンと、ヘレン・ケラー自身《じしん》も入学《にゅうがく》している。

　ハウは、人種《じんしゅ》や宗教《しゅうきょう》に関係《かんけい》なく、すべての人《ひと》を愛《あい》する博愛主義者《はくあいしゅぎしゃ》で、アメリカのどれい制度《せいど》に反対《はんたい》し、その廃止《はいし》をうったえた。その願《ねが》いは、南北戦争《なんぼくせんそう》、リンカーン大統領《だいとうりょう》のどれい解放宣言《かいほうせんげん》を経《へ》て、ようやく1865年《ねん》にかなう。ハウが64歳《さい》のときだった。

　42歳《さい》のときにイギリスを訪問《ほうもん》し、24歳《さい》のナイチンゲールと会《あ》っている。当時《とうじ》のイギリスの上流階級《じょうりゅうかいきゅう》では、子女《しじょ》が病院《びょういん》ではたらくことは非常識《ひじょうしき》とされていたが、相談《そうだん》を受《う》けたハウは、看護《かんご》はりっぱな仕事《しごと》なので、その道《みち》に進《すす》むようアドバイスした。

ナイチンゲールを詩《し》によむ

ロングフェロー

1807-1882年《ねん》

アメリカの詩人《しじん》。大学卒業後《だいがくそつぎょうご》、ヨーロッパに3年間留学《ねんかんりゅうがく》し、帰国後《きこくご》は母校《ぼこう》の先生《せんせい》となる。28歳《さい》のとき、ふたたび文学《ぶんがく》の研究《けんきゅう》のためヨーロッパにわたり、帰国後《きこくご》は名門《めいもん》ハーバード大学《だいがく》の教授《きょうじゅ》を18年間《ねんかん》つとめた。

イタリアを代表《だいひょう》する詩人《しじん》ダンテの『神曲《しんきょく》』を、はじめて英語《えいご》に訳《やく》すなど、ヨーロッパの文学《ぶんがく》をアメリカに紹介《しょうかい》するとともに、さまざまな創作活動《そうさくかつどう》を行《おこな》った。

外国旅行記《がいこくりょこうき》や自伝的《じでんてき》な物語《ものがたり》のほか、リズムがよくて、わかりやすい表現《ひょうげん》の詩《し》をたくさん創作《そうさく》した。とくに、実際《じっさい》にあったできごとをもとにした、物語性《ものがたりせい》のある長編《ちょうへん》の詩《し》を得意《とくい》とし、多《おお》くの人《ひと》に愛読《あいどく》された。代表作《だいひょうさく》として、戦争《せんそう》のために生《い》き別《わか》れになった一組《ひとくみ》の男女《だんじょ》の悲《かな》しい物語《ものがたり》『エヴァンジェリン』などがある。

クリミア戦争後《せんそうご》に発表《はっぴょう》した詩《し》、『サンタ・フィロメナ』には、ナイチンゲールが、夜《よる》にランプを持《も》って、患者《かんじゃ》の見《み》まわりをする姿《すがた》がよまれている。この詩《し》は、イギリス国民《こくみん》の、ナイチンゲールへの賛辞《さんじ》を高《たか》めた。また、「ランプを持《も》つ貴婦人《きふじん》」の呼《よ》び名《な》は、この詩《し》から生《う》まれた。

ナイチンゲールの精神《せいしん》を受《う》けついだ人《ひと》たち

赤十字《せきじゅうじ》の父《ちち》

デュナン

１８２８－１９１０年《ねん》

スイスのジュネーブに生《う》まれる。名門《めいもん》の裕福《ゆうふく》な家庭《かてい》で育《そだ》った。両親《りょうしん》とも熱心《ねっしん》なキリスト教徒《きょうと》で、福祉活動《ふくしかつどう》も行《おこな》っていた。

銀行員《ぎんこういん》としてはたらきながら、ＹＭＣＡ《ワイエムシーエー》（キリスト教青年会《きょうせいねんかい》）の活動《かつどう》に参加《さんか》。27歳《さい》のときに、フランスのパリで世界《せかい》ＹＭＣＡ《ワイエムシーエー》同盟《どうめい》をつくり、国際的《こくさいてき》な組織《そしき》にした。

31歳《さい》のとき、北《きた》イタリアでソルフェリーノの戦《たたか》いにまきこまれる。クリミア戦争《せんそう》でのナイチンゲールを思《おも》いだし、1週間《しゅうかん》のあいだ、不眠不休《ふみんふきゅう》で傷《きず》ついた兵士《へいし》を看護《かんご》した。その体験《たいけん》から、次《つぎ》のように考《かんが》えた。

「けがをして武器《ぶき》を持《も》っていない者《もの》は、もはや兵士《へいし》ではない。戦場《せんじょう》をはなれたひとりの人間《にんげん》として、その命《いのち》を守《まも》ってあげなければならない。」

そのために、国際的《こくさいてき》な団体《だんたい》をつくることを決意《けつい》。１８６３年《ねん》、35歳《さい》のとき、ジュネーブで「赤十字国際委員会《せきじゅうじこくさいいいんかい》」が結成《けっせい》され、デュナンの願《ねが》いはかなった。

日本《にっぽん》の看護師《かんごし》の育成《いくせい》にはげんだ

萩原《はぎわら》タケ

1873－1936年《ねん》

現在《げんざい》の東京都《とうきょうと》あきる野市《のし》に生《う》まれる。家《いえ》は商店《しょうてん》。5人《にん》の弟《おとうと》がいて、くらしは楽《らく》ではなかったが、弟《おとうと》たちの面倒《めんどう》を見《み》ながら、勉強《べんきょう》や読書《どくしょ》にはげんだ。

15歳《さい》ぐらいから通信教育《つうしんきょういく》を受《う》け、20歳《さい》のときに、日本赤十字社《にほんせきじゅうじしゃ》の看護婦養成所《かんごふようせいじょ》第《だい》7回生《かいせい》となる。まもなく始《はじ》まった日清戦争《にっしんせんそう》では、教育中《きょういくちゅう》の看護師《かんごし》も兵士《へいし》の看護《かんご》をすることになり、タケも一生懸命《いっしょうけんめい》はたらいた。

卒業後《そつぎょうご》も、タケは、日本赤十字社《にほんせきじゅうじしゃ》が行《おこな》う救護活動《きゅうごかつどう》や軍事訓練《ぐんじくんれん》には必《かなら》ず参加《さんか》し、27歳《さい》のときには、新《あたら》しくできた病院船《びょういんせん》「弘済《こうさい》丸《まる》」の看護婦長《かんごふちょう》にえらばれる。その後《ご》も、日本《にっぽん》を代表《だいひょう》する看護師《かんごし》として、重要人物《じゅうようじんぶつ》の海外訪問《かいがいほうもん》につきそったり、国際的《こくさいてき》な看護師《かんごし》の議会《ぎかい》に出席《しゅっせき》したりした。

そのような活躍《かつやく》がみとめられ、1920（大正《たいしょう》9）年《ねん》、47歳《さい》のときに第《だい》1回《かい》フローレンス・ナイチンゲール記章《きしょう》を受章《じゅしょう》した。世《せ》界中《かいじゅう》からえらばれた、52名《めい》のうちのひとりで、日本人《にほんじん》はほかにふたり受章《じゅしょう》している。

1910（明治《めいじ》43）年《ねん》から、1936（昭和《しょうわ》11）年《ねん》まで、日本赤十字病院《にほんせきじゅうじびょういん》の看護婦《かんごふ》監督《かんとく》として数多《かずおお》くの看護師《かんごし》を育成《いくせい》した。

著者紹介

村岡花子　むらおか はなこ

児童文学作家、翻訳家。1893年山梨県生まれ。東洋英和女学校高等科卒業。英語教師を勤めた後、編集者に。英米児童文学の古典的作品の翻訳で活躍し、訳書に「赤毛のアン」シリーズ、『王子と乞食』『少女パレアナ』など多数。童話集に『たんぽぽの目』など。1932～41年までラジオ番組『コドモの新聞』コーナーで「ラジオのおばさん」として親しまれた。1968年死去。

画家紹介

丹地陽子　たんじ ようこ

イラストレーター。三重県生まれ。東京芸術大学美術学部デザイン学科卒業。書籍のカバー、挿絵、雑誌のイラストを手がけている。おもな作品に「サッカーボーイズ」シリーズ（はらだみずき）、「黒猫」シリーズ（森晶麿）、『夏の祈りは』（須賀しのぶ）、『サトコのパン屋、異世界へ行く』（塚本悠真）、『明治・妖モダン』（畠中恵）などがある。

監修・解説者紹介

川原由佳里　かわはら ゆかり

日本赤十字看護大学准教授。1998年日本赤十字看護大学看護学研究科博士後期課程修了、博士号（看護学）取得。2011年國學院大學文学研究科博士後期課程修了、博士号（歴史学）取得。看護の歴史を研究する。

人物伝執筆――――八重野充弘《やえのみつひろ》
人物伝イラスト――――光安知子《みつやすともこ》
口絵写真（肖像）――――Getty Images
（サイン）――――Bridgeman Images/アフロ
編集――――オフィス303

講談社 火の鳥伝記文庫　6

ナイチンゲール（新装版《しんそうばん》）

村岡花子《むらおかはなこ》 文

1981年11月19日　第1刷発行
2016年4月15日　第51刷発行
2017年10月18日　新装版第1刷発行

発行者――――鈴木　哲
発行所――――株式会社 講談社
東京都文京区音羽2-12-21　郵便番号112-8001
電話　編集（03）5395-3536
販売（03）5395-3625
業務（03）5395-3615

ブックデザイン――――祖父江 慎＋福島よし恵（コズフィッシュ）
印刷・製本――――図書印刷株式会社
本文データ制作――――講談社デジタル製作

N.D.C. 289　190p　18cm
Printed in Japan
ISBN978-4-06-149919-5

講談社《こうだんしゃ》　火《ひ》の鳥《とり》伝記《でんき》文庫《ぶんこ》　新装版《しんそうばん》によせて

火《ひ》の鳥《とり》は、世界中《せかいじゅう》の神話《しんわ》や伝説《でんせつ》に登場《とうじょう》する光《ひかり》の鳥《とり》です。灰《はい》のなかから何度《なんど》でもよみがえり、永遠《えいえん》の命《いのち》をもつといわれています。

伝記《でんき》に描《えが》かれている人々《ひとびと》は、人類《じんるい》や社会《しゃかい》の発展《はってん》に役立《やくだ》つすばらしい成果《せいか》を後世《こうせい》に残《のこ》した人々《ひとびと》です。みなさんにとっては、遠《とお》くまぶしい存在《そんざい》かもしれません。

しかし、かれらがかんたんに成功《せいこう》したのではないことは、この本《ほん》を読《よ》むとよくわかります。

一生懸命《いっしょうけんめい》取《と》り組《く》んでもうまくいかないとき、自分《じぶん》のしたいことがわからないとき、そして将来《しょうらい》のことを考《かんが》えるとき、みなさんを励《はげ》ましてくれるのは、先《さき》を歩《ある》いていった先輩《せんぱい》たちの努力《どりょく》するすがたや、失敗《しっぱい》の数々《かずかず》です。火《ひ》の鳥《とり》はかれらのなかにいて、くじけずチャレンジする力《ちから》となったのです。

伝記《でんき》のなかに生《い》きる人々《ひとびと》を親《した》しく感《かん》じるとき、みなさんの心《こころ》のなかに火《ひ》の鳥《とり》が羽《は》ばたいて将来《しょうらい》への希望《きぼう》を感《かん》じられることを願《ねが》い、この本《ほん》を贈《おく》ります。

2017年《ねん》10月《がつ》

講談社《こうだんしゃ》

フローレンス・ナイチンゲール

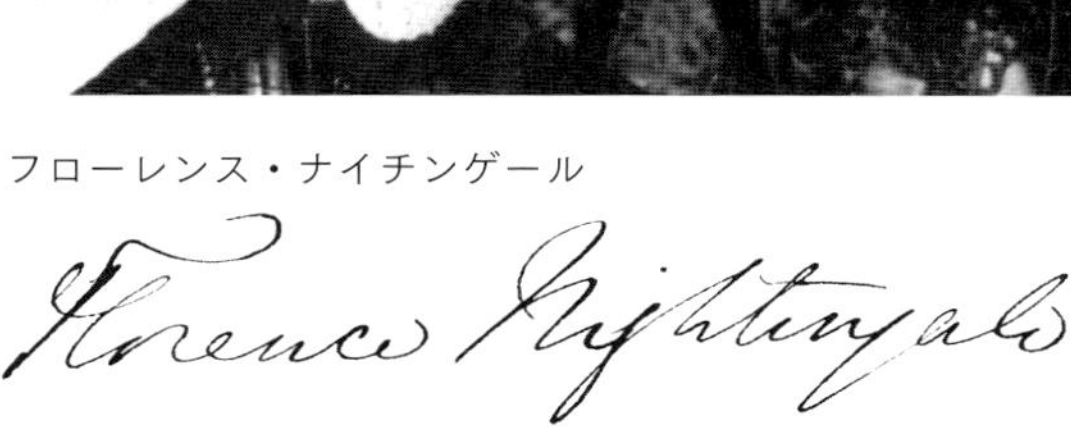